AF600962

NEUCHATEL

LIBRAIRIE GÉNÉRALE DE JULES SANDOZ

TROIS SEMAINES

à

PARIS, METZ et BELFORT

AU POINT DE VUE MILITAIRE

en mars 1871

PAR

L. de PERROT
Lieut.-Colonel fédéral d'artillerie.

NEUCHATEL
LIBRAIRIE GÉNÉRALE DE JULES SANDOZ

1871.

Préface.

J'ai entrepris un voyage en France, dont je vais essayer de donner le résultat, dans un seul but, avec une seule préoccupation, à savoir de faire profiter l'armée suisse des expériences de la campagne qui vient de se terminer.

Je n'avancerai rien à la légère, rien qui ne soit basé sur des faits, que j'ai pu avoir l'occasion d'étudier, ce qui expliquera certaines lacunes dans mon travail, auquel j'ai cherché avant tout à donner le cachet de la vérité.

J'ai puisé mes renseignements auprès des hommes de guerre les plus compétents, particulièrement auprès des officiers de l'armée allemande, et j'ai trouvé dans leurs réponses à mes questions une manière saine et impartiale d'expliquer leurs succès. J'ai recueilli aussi d'utiles renseignements auprès des officiers français, mais je dois avouer que je n'ai pas trouvé dans mes entretiens avec eux, une appréciation suffisamment claire des revers de leur armée; je le dis afin de rendre à chacun la justice qui lui est due, mais nullement dans l'intention d'encenser le vainqueur ou de retourner le fer dans la plaie du vaincu.

La Suisse n'a pas eu l'occasion de se mesurer avec aucun ennemi; mais si ce malheur devait arriver, il faut qu'elle se rende compte des progrès accomplis dans les luttes de ses voisins, et qu'elle change sans tarder tout ce qu'il y a de défectueux dans son armée, afin de l'élever à la hauteur de sa noble tâche: le maintien envers et contre tous de l'indépendance de notre chère patrie.

J'ai beaucoup vu, mais je n'ai pas tout vu; que tous ceux qui le peuvent apportent leur pierre à l'édifice, étudient à leur tour ces importantes questions. Rien ne pourrra m'être plus agréable que de voir la tâche que j'ai cherché à remplir, entreprise par d'autres officiers suisses, afin de compléter un travail que je reconnais moi-même très-imparfait.

CHAPITRE Ier.

Organisation.

Le fait le plus saillant qui me semble ressortir de cette dernière campagne est que tout doit être organisé en temps de paix, qu'il ne faut rien laisser à l'imprévu, qu'à un moment donné la nation tout entière doit pouvoir se trouver en armes, que tout ce qui pourrait faire crier les rouages doit être soigneusement éliminé pendant la paix; qu'une armée nationale a un avantage incomparable sur toute autre forme d'armée; qu'une organisation n'est réellement bonne que si elle met également en relief le *nombre* et la *qualité* de ses soldats, et que l'heure de la lutte n'est plus le moment d'apprendre, mais *qu'une armée montrera en campagne ce qu'elle est en temps de paix.*

Le courage personnel ne décide plus d'une campagne, mais il faut l'ensemble dans l'organisation et la direction; des efforts héroïques partiels n'amènent pas de résultats décisifs, et cependant je crois pouvoir dire que de deux armées également bien formées celle-là aura sans aucun doute la supériorité qui sera décidée à vaincre ou à mourir. Une bonne organisation maintient une bonne discipline, elle inspire la confiance.

Elle doit permettre de pouvoir mettre une armée sur pied dans le temps rélativement le plus court, car chaque jour de gagné permet aux chefs de connaître leurs inférieurs, et d'exercer la troupe utilement à des manœuvres de campagne, comme cela se fit par les unités tactiques de l'armée allemande, qui les premières furent sur le pied de guerre; le général à l'initiative des opérations. Des hommes muris par l'âge offrent une plus grande force de résistance que de jeunes soldats; plus forts de corps, mieux habitués à des travaux pénibles, plus calmes d'esprit, ils se laissent moins influencer par l'aspect du danger ou les fatigues d'une campagne.

Il faut pouvoir disposer *au moins d'un double approvisionnement d'armes;* attendre l'ouverture de la campagne pour acheter des armes ou en faire fabriquer, cela revient à dire, acheter le bon comme le mauvais, introduire un mélange funeste de calibres et de munitions, ou enfin, jeter le découragement dans la nation et dans l'armée à l'ouverture de la campagne.

Il faut des caissons avec des munitions et des voitures de tous genres, et en assez grand nombre pour ne pas être pris au dépourvu en cas de mise sur pied de l'arrière-ban.

Cette guerre a démontré que si la supériorité technique des armes ne suffit pas pour décider de la victoire, c'est cependant un devoir de mettre entre les mains des troupes les meilleures armes.

L'artillerie a par le fait de l'introduction d'armes à feu d'infanterie plus meurtrières pris la place qui lui était disputée; cette guerre à démontré que le nombre des pièces est d'un grand poids dans la balance, c'est à l'organisation à tenir compte de ce nouvel élément.

La cavalerie est parvenue, comme par le passé, dans certaines circonstances, à écraser telle masse d'infanterie, mais l'expérience a démontré qu'à l'avenir contre une infanterie solide, elle devenait impuissante. Son rôle se réduira toujours davantage à éclairer l'armée, à faire le service d'ordonnance, à jeter l'effroi dans les populations ou à lutter contre la cavalerie ennemie, etc. Son rôle d'action changeant, il est évident que l'organisation y aura égard dans le nombre de la cavalerie à mettre sur pied et dans l'armement et l'équipement à lui fournir.

Le rôle des sapeurs à été très-important pendant cette dernière guerre, et les services qu'ils ont rendus ne sont discutés par personne, l'organisation doit y avoir égard.

Cette guerre a démontré qu'il faut songer non seulement à l'armée active, mais à la préparation du terrain sur lequel la lutte s'engage; si cela ne se fait qu'après l'ouverture de la guerre, et se fait avec précipitation, les ouvrages à moitié terminés et insuffisamment armés ne peuvent pas être défendus et il faut les abandonner au moment où ils deviendraient utiles. Je ne citerai ici que les ouvrages français construits à la hâte à Châtillon sur le front sud de Paris et au-dessus de Sèvres qui, tombés dans les mains des Allemands, devinrent une cause d'infériorité pour la défense de Paris.

Châtillon était la clef de Paris et cette clef n'a pas été gardée parce que le temps avait manqué.

S'il faut le nombre et la valeur des soldats, il faut une tête qui sache combiner les opérations, il faut un état-major à la hauteur de sa mission, composé d'officiers connaissant également bien le service pratique et le service d'état-major. Un état-major composé d'officiers qui y entrent et y restent de droit ne peut amener qu'à de fâcheux résultats; il faut veiller au recrutement et à l'instruction de l'état-major; car sans service d'état-major il n'y a plus de service d'intendance possible, et l'on peut, je crois, juger d'un état-major général en partie à la manière dont le service des vivres aura été fai pendant la campagne.

Le service des télégraphes, le service des postes, le service des chemins de fer, le service sanitaire, tout doit être organisé en temps de paix, non pas à peu près, mais complétement.

Cette guerre enfin a démontré que si l'Allemagne a des officiers de premier mérite, elle se sert aussi de spécialités pour certains cas donnés pendant la guerre.

Une bonne organisation ne se fait qu'à la longue, elle est le produit de la réflexion et de l'expérience, négliger en temps de paix une branche quelconque de l'organisation c'est s'assurer à l'avance d'amères déceptions.

CHAPITRE II.

Instruction et discipline.

La confiance d'une troupe en elle même et dans ses chefs est en raison directe de l'instruction militaire. La discipline gagne à l'instruction, car avec des chefs inhabiles et cela à tous les degrés, les pertes seront plus considérables; or, si chaque homme est prêt à donner sa vie pour son pays, il tient aussi à ne pas la sacrifier inutilement par l'incurie de ses supérieurs. Il y a suffisamment de cas où à tous prix il faut compter à l'avance sur des sacrifices importants en hommes pour ne pas jouer avec la vie de ses soldats.

Qu'on me permette de m'expliquer quand je parle d'instruction militaire. Un fantassin, par exemple, est instruit lorsqu'il connaît en tous points l'emploi de son arme, lorsqu'il connaît à fond les règlements d'instruction et a compris la manière de combattre sur tous les terrains et les principes tactiques à la base de tous les mouvements; tout ce que le soldat apportera au service avec lui de connaissances qui sortent de ce cadre d'instruction militaire lui sera utile parcequ'il comprendra plus aisément cette science militaire qui lui sera enseignée; ainsi le peuple le plus instruit fournira les soldats les plus intelligents; mais comme on le voit, l'instruction militaire proprement dite a ses limites.

La nouvelle manière de combattre met davantage que par le passé chaque homme en relief, or, le but que l'instruction a à se proposer consiste à arriver au développement militaire de l'individu; plus une armée mettra de soins à ce travail individuel, plus aussi elle obtiendra de grands résultats. Ce travail individuel ne développe pas seulement l'inférieur mais aussi le supérieur, car pour faire passer une idée dans un homme, il faut s'être bien rendu compte de cette idée. L'instruction donnée aux bataillons de chasseurs de l'Allemagne du Nord me paraît répondre à toutes les exigences; chaque homme pris isolément doit être formé non pas seulement comme soldat, mais comme chef de patrouille ou de section, aussi un ancien officier supérieur de cet arme me disait-il qu'à son avis un chasseur valait dix fantassins, cela prouvera ce que je viens d'avancer qu'il faut arriver autant que possible au développement militaire de l'individu et que si l'organisation doit tout faire pour mettre le nombre de son côté, l'autorité militaire ne doit rien négliger non plus pour obtenir la qualité. La conséquence que chaque lecteur a déjà tirée de ce que je viens d'avançer, c'est que, lutter contre une armée instruite avec des troupes plus nombreuses, mais moins bien instruites c'est s'exposer à des revers et courir le risque de voir ses troupes démoralisées après quelques combats.

L'instruction de détail ne peut jamais être faite avec trop de soins, car la vie du soldat pendant les $^{99}/_{100}$ de sa vie ne se compose que de détails. Ces détails ne rendent pas le soldat méticuleux, ils le rendent exact et ponctuel, et ils sont un levier puissant pour maintenir la discipline; comment maintenir la discipline sans une règle unique et inexorable pour tous, toute déviation à cette règle est par le fait même une infraction à la discipline, le travail du chef est compliqué, la surveillance devient impossible, défectueuse ou elle consacre des abus.

La tenue, quelque peu importante qu'elle puisse paraître, même à de bons militaires, a sa valeur aussi; tolérer telle ou telle irrégularité dans la tenue, c'est s'embourber dans un dédâle d'abus qui sont plus faciles à prévenir qu'à arrêter. Un militaire à quelque grade qu'il appartienne qui se permet dans sa tenue telle ou telle irrégularité autorise par le fait même ses inférieurs à suivre son exemple, mais là n'est pas seulement le danger, un supérieur qui, le sachant, se permet telle infraction aux règlements d'habillement donnés par l'autorité militaire se permettra sans plus de scrupule telle autre infraction d'un autre ordre; un chef pourra-t-il éprouver une confiance entière et sans borne dans un homme qui se met au-dessus de ce qu'il envisage des détails insignifiants?

Le soldat est le défenseur de l'ordre et de la loi; donc le premier de tous il doit se soumettre aux lois de quelque nature qu'elles puissent être.

J'ai été frappé de la tenue irréprochable de l'armée allemande; les troupes devant Paris étaient les mêmes que je les avais toujours vues en Allemagne, cette armée montrait par sa tenue que ses chefs s'en étaient occupés. Un des généraux les plus habiles de l'Allemagne qui avait été pendant cinq mois sous les murs de Paris, me disait: „je comptais tellement sur ma division et j'étais si sûr que les troupes aux avant-postes feraient leur devoir que pendant tout ce temps je n'ai pas éprouvé une heure d'inquiétude, je savais que les premières lignes résisteraient jusqu'à ce que je puisse venir les secourir si c'était nécessaire. Cette confiance ne reposait que sur l'instruction militaire, et sur la discipline de cette partie de l'armée. Un chef qui peut ainsi compter sur sa troupe reste calme et peut veiller au bien de l'ensemble sans être obligé de consumer toutes ses forces à des détails de service. Le sérieux doit présider à toutes les occupations du soldat, il n'y a pas un seul détail insignifiant, et l'officier qui tolère une irrégularité, une négligence, le laisser-aller ou la molesse, ruine systématiquement la discipline. Si parfois le chef ferme les yeux sur telle irrégularité, qu'il se rend bien compte si c'est par faiblesse ou par discernement, si c'est par faiblesse qu'il pense qu'il se rend coupable vis-à-vis de ses frères d'armes, vis-à-vis de l'armée et surtout vis-à-vis de l'État qui lui a confié un mandat. Voilà le principe développé d'une manière extraordinaire parmi les officiers de l'armée prussienne.

Pendant plusieurs jours que je passai à Versailles j'eus l'occasion de juger de l'activité des officiers supérieurs allemands pour les détails d'habillement, d'équipement, de cuisine, de logement de la troupe, etc. „Nous vivons de ces détails, me disait un major qui s'était distingué dans cette dernière campagne, mais tout cela se retrouve au feu,car nos hommes qui savent que nous nous intéressons à eux ne nous abandonneront jamais.“ Le ton de l'officier allemand est brusque et sacadé; dans son commandement il a toujours l'air irrité; si dans un mouvement d'armes de la compagnie le capitaine aperçoit l'ombre d'une main qui arrive peut être 1/4 de seconde plus tard dans la nouvelle position, il s'écrie avec fureur comme si l'honneur de la compagnie était compromise: *(das ist entsetzlich!)* C'est une horreur!

Comment, demanderont des hommes qui ne sont pas du métier, ces soldats peuvent-ils suivre des officiers qui les traitent ainsi; c'est que ces soldats savent que ces officiers les aiment et s'intéressent réellement à eux, du reste le soldat juge vite et sûrement et il ne s'en tient pas aux détails de la porte.

CHAPITRE III.

Habillements et équipements.

Les différentes armes de l'armée de l'Allemagne du Nord n'avaient qu'un seul habillement à l'entrée de la campagne mais de première qualité; cette tenue fut échangée après quelques mois contre une seconde garniture entièrement neuve de sorte que le fantassin avait reçu après six mois de service 2 tuniques, 2 paires de pantalons, quatre paires de bottes et pour dix hommes une capote. L'infanterie porte la botte jusqu'à mi-jambe avec le pantalon dans les bottes ou par-dessus suivant le temps; dans le sac, une seconde chaussure; tous étaient d'avis que la botte est préférable à la guêtre par cela surtout que la jambe est moins serrée et qu'il est plus facile de tenir propre les bottes que les guêtres.

Le soldat monté porte la botte à longue tige jusque sous le genou avec un pantalon de drap collant doublé en dedans en bonne toile et en dehors en cuir, le pantalon attaché au-dessus de la cheville, ou fixé à des sous-pieds intérieurs, tous les hommes montés ont en outre une jaquette et une paire de pantalons de triège.

Le soldat d'infanterie porte la capote roulée en bandouillère pendant la marche. Quant aux autres équipements j'ajouterai comme complément que le fantassin porte aussi une paire de caleçons, puis dans son sac une chemise, une paire de bas, des oreillettes, des gants en drap doublés en flanelle, un pantalon de triège, un bandage, un sac pour le riz et le sel, et son livret de solde, puis un sac à pain et une gamelle.

Comme on le voit, le soldat ne porte ni couverture ni tente; pendant plusieurs semaines des bataillons entiers déposèrent leurs sacs, et marchèrent avec le manteau roulé, le sac à pain, la giberne, et les munitions dans les deux boîtes en fer blanc mises dans le sac à pain, la gamelle fixée au manteau.

Chaque compagnie conduisait avec elle:

40 tuniques	de rechange,
40 paires de pantalons	
40 paires de caleçons	
60 chemises	

puis en outre du drap, du cuir et des semelles de réserve.

A chaque jour de repos, les tailleurs et les cordonniers de la troupe étaient réunis dans un logement à part sous la surveillance du capitaine-d'armes (fourrier). Une affiche était fixée à la maison, et chaque chef d'escouade était responsable que les hommes de son escouade portassent à raccomoder tout ce qui pouvait être détérioré. Les outils portés par les hommes de la compagnie se composent: de 8 pelles, de 4 pioches et de 24 petites haches fixées sur le sac. Je dois dire que je fus surpris de voir le soin que même les officiers supérieurs et les commandants de bataillon mettaient à la tenue de la troupe.

CHAPITRE IV.

Des différentes armes à feu.

Je puis établir en principe que cette dernière guerre a démontré non pas la supériorité de telle ou telle arme à feu, mais bien la supériorité de l'instruction militaire ; il ne paraît cependant pas inutile de développer cette idée et je commencerai par l'artillerie. Je poserai pour commencer la comparaison suivante : le Chassepot est au fusil prussien comme l'artillerie prussienne est à l'artillerie française.

En établissant cette proportion je ne tiens compte que de la précision du tir, de la portée et de la tension des trajectoires et même je me plais à faire observer que si la comparaison pèche, elle le fait dans ce sens que l'artillerie française comparée à l'artillerie allemande lui est moins inférieure que le fusil à aiguille ne l'est comparé au Chassepot.

Cette proportion, je chercherais à la prouver par des chiffres si j'avais en mains les données nécessaires sur les trajectoires des fusils Chassepots et à aiguille, mais je ne suivrai pas ce mode de démonstration, et je ne la donne que comme un fruit de l'expérience d'hommes de guerre qui en ont jugé de leurs yeux sur les différents champs de batailles.

L'artillerie allemande a par la supériorité de son tir décidé de toutes les batailles, c'est ce que chaque journaliste a écrit au moins une fois pendant le courant de la campagne ; cette idée est juste si elle ne tient compte que du nombre des pièces et de l'instruction du tir, et fausse si elle attribue uniquement la supériorité de l'artillerie allemande à son mode de chargement par la culasse.

Pourquoi, si l'artillerie décide des batailles, la bataille de Königsgrætz n'a-t-elle pas fait tourner la victoire en faveur des Autrichiens ? L'artillerie autrichienne était entièrement transformée, elle était admirablement conduite et désservie, tandis que l'armée prussienne conduisait avec elle plusieures centaines de pièces lisses dont elle ne pût pas se servir, ce qui donnait à l'armée prussienne une grande infériorité numérique en face des pièces rayées autrichiennes. La précision du tir des pièces autrichiennes était tellement grande que bon nombre d'officiers prussiens d'artillerie disaient l'artillerie autrichienne vaut pratiquement l'artillerie prussienne, sur un champ de bataille. La question que j'ai posée je ne l'ai pas résolue, pourquoi les Autrichiens n'ont-ils pas eu la victoire ? je vais essayer de le démontrer ce qui me permettra de tirer une conclusion et de prouver mon dire.

Outre la précision du tir, et la tension des trajectoires il faut faire intervenir l'espèce de projectiles et de fusées employées, or au jour de la bataille de Königsgrætz une quantité énorme d'obus autrichiens n'éclatèrent pas et vinrent s'enterrer sans produire le moindre effet ; j'ai vu un village de la Bistritz où, après la bataille, l'on réunit plus de mille obus autrichiens qui n'avaient pas éclaté, aussi au lieu de 20,000 éclats qui auraient pu jeter la mort dans les rangs ennemis, ces mille obus n'avaient atteint que le but qui se trouvait ou non au point où ils tombaient.

Aucun homme de la partie ne dira que l'artillerie autrichienne était inférieure à l'artillerie prussienne, mais bien que les fusées employées par l'artillerie autrichienne étaient défectueuses et cependant malgré ce grand désavantage, l'armée prussienne qui attaquait de front la Bistritz ne put pas avancer, arrêtée qu'elle était par l'artillerie autrichienne ; si néanmoins les Autrichiens se retirèrent derrière l'Elbe et si l'armée du prince Frédéric-Charles finit par s'avancer sur les hauteurs de Lippa, qui avaient été si vaillamment défendues, c'est que la stratégie avait les cartes en mains et que ce que la tactique n'avait pu faire s'accomplissait par des combinaisons d'un ordre plus relevé, c'est à dire en portant un coup décisif sur le centre, le flanc droit et la ligne de retraite des Autrichiens. Ce que je dis ici de la grande bataille de Königsgrætz trouve son application dans tous les combats d'une moindre importance.

Ainsi donc je crois pouvoir tirer la conclusion que ce ne sont pas les armes qui décident, mais bien la valeur des combinaisons stratégiques ou tactiques.

Je fais maintenant abstraction de toute combinaison d'un ordre plus relevé et je veux essayer de démontrer que ce n'est pas le système de chargement qui a fait l'infériorité de l'artillerie française.

Les pièces à chargement par la culasse tirent avec une précision remarquable, mais pourquoi se fait-il que toutes les batteries allemandes n'ayent pas également produit les mêmes résultats et que certaines batteries aient été bien inférieures à d'autres? c'est que plus une pièce a un tir précis, plus aussi il faut que celui qui est chargé de diriger le feu se rende compte de ce qu'il fait.

Mettre des pièces d'artillerie à chargement par la culasse entre les mains d'hommes qui ne les connaissent qu'imparfaitement, c'est vilipender les munitions et n'arriver à aucun résultat.

Mettre des pièces rayées à chargement par la bouche dans les mains d'officiers capables, et qui connaissent le tir et savent choisir leurs positions, c'est obtenir un effet écrasant, et paralyser tout effort direct dans la direction où cette artillerie a ouvert son feu. Les écarts en longueur provenant du chargement par la bouche sont plus considérables que ceux provenant des pièces à chargement par la culasse, mais ces écarts sont toujours assez petits pour que l'artillerie puisse soutenir que le terrain qui se trouve dans l'écart est intenable à la longue pour les troupes ennemies qui s'y trouvent.

Je crois pouvoir affirmer que les officiers allemands eux-mêmes seront les premiers à dire que cela est pratiquement vrai.

Mettre des pièces à chargement par la bouche dans les mains d'officiers inhabiles, cela revient à dire, gaspiller les munitions, ce n'est pas l'outil qui est fautif, c'est l'ouvrier.

Mais à de grandes distances au-delà de 1500^{m}, l'artillerie à chargement par la culasse est bien supérieure à l'artillerie à chargement par la bouche, c'est vrai et cependant la supériorité n'est pas telle que l'on puisse à *priori* prétendre que la lutte devient impossible; d'abord à ces grandes distances le feu est plus lent, donc il est moins meurtrier, l'observation des coups est souvent difficile, et l'équilibre peut se rétablir si l'artillerie à chargement par la bouche tend à serrer son adversaire de près. Du reste, je ne pense pas qu'à 1500^{m} et même au-delà une infanterie quelconque puisse s'avancer contre des pièces à chargement par la bouche sans utiliser tous les plis du terrain et sans de grandes pertes, cette infanterie ne pourra s'avancer que si son artillerie lui déblaie le chemin.

Mais si à 1500^{m} et à 2000^{m} nous atteignons la limite de l'emploi de l'artillerie de campagne, et si exceptionnellement il faut ouvrir son feu à 2500^{m}, il est évident que l'artillerie à chargement par la culasse sera en avantage, mais encore une fois ce n'est pas à ces distances que les batailles se décident.

Il y a une autre chose encore à mettre en ligne de compte, à savoir les fusées employées ; armer les obus de fusées à graduer, c'est mettre l'artillerie presque dans l'impossibilité d'obtenir un tir précis ; tous nos officiers savent par expérience combien il est souvent difficile sur la place d'exercice de se rendre bien compte du point d'éclat de nos shrapnels, c'est-à-dire de l'intervalle, et cela même après avoir trouvé la distance par quelques obus à percussion, or, employer uniquement ces obus avec des fusées à graduer et trouver avec ces projectiles la distance et la vraie graduation, c'est une impossibilité ; voilà à mon avis où était surtout l'infériorité de l'artillerie française pendant la première partie de la campagne, dans l'emploi unique de fusées à graduer.

Mais est-ce le système à chargement par la bouche qui est défectueux ? nullement, car si les pièces à chargement par la culasse avaient des fusées pareilles, elles rencontreraient les mêmes difficultés ; l'artillerie allemande n'avait en fait de projectiles que des obus avec fusées à percussion.

Ce qui ressort évidemment de tout ce que nous venons de voir, si nous faisons abstraction des fusées, c'est que ce qui constitue la force d'une artillerie c'est moins le système de chargement employé que l'habileté avec laquelle les officiers savent corriger leur tir, or, l'Allemagne a fait depuis 1866 des progrès immenses pour développer parmi l'artillerie un emploi judicieux du feu ; c'est dans des écoles de tir que l'artillerie a été développée, et c'est à la manière raisonnée de se servir de son artillerie que l'armée allemande doit une partie de ses succès. Il faut être juste et reconnaître aussi que si l'artillerie était supérieure par son instruction à l'artillerie française, elle disposait de 1500 pièces de canons de campagne tandis que l'artillerie française ne mettait en ligne à l'ouverture de la campagne que 942 pièces. Cette supériorité numérique écrasante ne modifie en rien ce que j'ai dit, elle sert uniquement à prouver que la supériorité numérique de l'artillerie donne à une armée une solidité considérable.

Je passe à l'appréciation des calibres pour l'artillerie.

Un seul et unique calibre serait d'un avantage immense, c'est ce que chaque homme de la partie reconnaîtra sans difficulté, et cependant tous les pays ont deux calibres.

Si l'on ne voulait qu'un seul et unique calibre, le 6-liv. prussien me paraît répondre à tous les besoins, il ne cède en rien pour la mobilité au 4-liv. prussien, il produit un grand effet moral sur ses propres troupes, il a un tir pour ainsi dire absolument précis, il a une supériorité marquée sur le 4-liv. pour démonter le matériel ennemi, pour battre en brèche, pour l'attaque des localités, contre les troupes en rase campagne, et cependant le 4-liv. lui sera toujours supérieur en un point, c'est qu'il traîne avec lui plus de munitions, or, l'artillerie ne produit de l'effet que par son tir, et employer le 6-liv. dans les cas fréquents où le 4-liv. suffit, signifierait perdre des munitions précieuses.

Je reviendrai dans l'application de mon travail à l'armée suisse aux pièces qui me paraissent les plus avantageuses pour nous.

Mais on attend sans doute que je tire une conclusion sur le meilleur système de pièces à employer, cela ne me sera pas difficile.

Les pièces à chargement par la culasse ont un tir plus précis, un écart en longueur moins considérable que les pièces à chargement par la bouche, donc elles peuvent en moins de temps couvrir de leurs projectiles un espace restreint, sans pour cela employer davantage de projectiles, aux grandes distances elles ont une supériorité marquée sur les pièces à chargement par la bouche, les écarts étant moins grands, il est plus facile de corriger son tir, les projectiles occupant toujours la même position dans l'âme, il est clair qu'il n'y aura pas d'écart provenant d'un refoulement défectueux, ce qui n'est pas le cas avec les pièces à chargement par la bouche, elles sont plus délicates; mais l'expérience de cette longue campagne a fait tomber tous les doutes et les craintes que l'on pouvait encore avoir sur leur valeur pratique et leur solidité. Mais je m'explique, si les pièces à chargement par la culasse sont préférables, elles ne le sont pas toutes au même degré, et c'est ainsi que l'on peut admettre que les pièces de 6-liv. prussiennes par rapport au système de fermeture se sont montrées infiniment supérieures aux pièces de 4-liv. prussiennes avec double coin.

On peut donc dire que le système à chargement par la culasse a prouvé sa supériorité et qu'il vaut mieux que celui à chargement par la bouche, mais que tous les systèmes ne sont pas également recommandables.

Mitrailleuses. Ce nouvel engin de guerre a été méconnu par les Allemands avant la guerre, il leur a causé parfois de grandes pertes en rase campagne, et cependant je crois pouvoir tirer comme conclusion de tout ce que j'ai entendu, que cette arme n'a pas de chance d'être introduite par l'armée allemande. La mitrailleuse ne peut produire son effet que contre des troupes, des êtres vivants, elle ne peut pas détruire le matériel ennemi, la limite de son tir efficace n'atteint pas celle du feu de l'artillerie, c'est-à-dire que la mitrailleuse est condamnée au silence à des distances où l'artillerie peut combattre efficacement. La mitrailleuse ne peut juger de l'effet de son tir qu'en observant l'ennemi qui, s'il est atteint, montrera du trouble, elle agira donc par voie de tâtonnement, tandis que l'artillerie peut, par ses obus qui éclatent, se rendre parfaitement compte si l'éclat a eu lieu en avant ou en arrière du but et de combien comporte la différence. La mitrailleuse doit apprécier exactement les distances, l'artillerie détermine une distance quelconque avec 4 ou 5 obus, l'artillerie peut faire erreur dans l'appréciation des distances presque impunément, la mitrailleuse ne le peut pas. Que doit faire la mitrailleuse pour remédier à cet inconvénient? elle doit battre un terrain de 4 à 500^{m} de profondeur et ne pas s'en tenir à des distances uniques, mais plus l'intervalle qu'elle devra battre augmentera de profondeur, moins aussi sera grand l'effet qu'elle produira. Une salve de mitrailleuse tirant trop court produira moins d'effet qu'une salve à obus dans les mêmes conditions, car les éclats d'obus battent un terrain en avant du point d'éclat de plusieurs centaines de mètres, ce qui ne peut pas être le cas avec les projectiles des mitrailleuses qui, plus petits, n'ont pas autant de force de percussion et peuvent s'enterrer plus facilement. Si une batterie de mitrailleuses atteind une ligne ennemie il est clair que l'effet que produira son tir sera énorme, mais on le voit il faut à cette arme des circonstances favorables pour qu'elle produise son maximum d'effet. L'artillerie est plus indépendante et peut être employée dans toutes les circonstances avec efficacité ; il n'y a pas d'effet produit par la mitrailleuse qui ne puisse être produit par l'artillerie, et la mitrailleuse ne peut pas produire certains effets produits par l'artillerie, son feu est limité, ses projectiles ne produisent aucun effet contre des obstacles, du matériel, des bâtiments et sa trajectoire n'a pas la souplesse de celles de l'artillerie; si l'artillerie parvient à trouver de bonnes fusées de shrapnels, un seul coup de shrapnel vaudra plusieurs coups de mitrailleuse. On faisait observer que la mitrailleuse était déstinée à combattre l'infanterie et nullement à se mesurer avec l'artillerie ennemie; cette réflexion n'est pas sérieuse, car l'infanterie doit être soutenue par son artillerie et c'est le devoir de l'artillerie de réduire au silence les batteries ennemies de mitrailleuses qui arrêteraient l'infanterie, or, l'expérience de la guerre a démontré qu'une artillerie ennemie bien desservie pouvait en concentrant son feu d'abord sur une batterie de mitrailleuses, puis sur la suivante, les réduire assez facilement au silence, tandis que les mitrailleuses ont fait perdre à l'artillerie allemande des hommes et des chevaux parfois en grand nombre, mais n'ont pas mis une seule pièce hors de service.

Je crois que si l'artillerie française avait connu les fusées à percussion et que si elle avait été convenablement formée au tir, elle aurait hésité d'introduire cette arme.

La mitrailleuse n'est pas une arme indispensable, dans bien des cas elle peut produire de grands effets, mais le grand inconvénient qu'elle offre c'est qu'elle doit poser trop de conditions pour produire cet effet; l'artillerie ne pose qu'une seule condition, qu'on lui montre l'ennemi et si la distance ne dépasse pas la limite de son tir elle peut assurer qu'elle lui fera subir des pertes sensibles. Des médecins m'ont affirmé avoir constaté des blessures faites par 8, 9 et même 12 balles de mitrailleuse; c'est trop, une seule aurait suffi.

Mais pour battre un défilé, flanquer la face d'un ouvrage, la mitrailleuse aura sa raison d'être? je l'admets, mais à une seule condition que l'infanterie ou l'artillerie ne puissent pas produire le même effet; si l'effet peut être produit par les armes que nous avons, ne compliquons pas le matériel par des engins nouveaux, car toute complication en fait de matériel de guerre est un inconvénient, si elle ne répond pas à une lacune évidente et palpable, or, l'expérience a démontré que s'avancer sous le feu d'une artillerie bien desservie était une impossibilité.

Que dire maintenant des pièces de siège et de place ou de position? Si la supériorité de l'artillerie de campagne à chargement par la culasse a été démontrée, celle des pièces de position me le paraît à plus forte raison. L'artillerie de position est destinée à tirer contre un but ordinairement peu profond, elle doit démonter les pièces ennemies ou détruire les parapets, empêcher ou ralentir la construction des batteries, or, plus la pièce aura un tir précis, moins il faudra de projectiles pour produire le même effet; puis pour les pièces placées en arrière d'un parapet, le chargement par la culasse est plus facile et les hommes sont mieux à couvert.

J'ai vu le terrain en arrière et en avant des batteries d'attaque contre les forts de Bellevue et des Barres (Belfort) littéralement semé de trous causés par les projectiles français lancés de ces forts; le tir était bon, car les écarts étaient relativement faibles, mais si ces forts avaient été armés de pièces à chargement par la culasse, il est bien permis d'admettre qu'une partie notable de ces projectiles, qui ne produisirent qu'un effet indirect, auraient atteint les ouvrages allemands et ralenti considérablement les travaux d'attaque. Quels calibres faut-il? plus les calibres sont forts plus aussi les effets sont considérables, les pièces de 12 et les pièces de 24 livres courtes et longues ont joué un rôle immense pour l'attaque de Paris et de Belfort; plus le projectile est gros plus aussi il contient de charge d'éclatement et c'est surtout la charge qui, en produisant l'effet de mine, détruit les ouvrages; ceci explique pourquoi l'artillerie allemande a porté de 900 gr. à 2 kilogr. la charge d'éclatement des obus de 24 liv. en diminuant l'épaisseur du métal pour ne pas trop en augmenter le poids, en donnant aux projectiles un mince manteau de plomb et en lui donnant une longueur de 2½ calibres, sur un calibre de diamètre.

Je crois pouvoir dire que les petits calibres n'ont plus au même degré que par le passé leur raison d'être, car l'attaque des places ne se fera à l'avenir que de loin et l'aissaillant ne s'avancera à l'attaque proprement dite que lorsqu'il aura réduit au silence l'artillerie des ouvrages. Ce ne sera donc qu'au dernier moment que les petits calibres pourront entrer en action, tandis que pour toute la durée du siège ils devront rester à l'abri; cependant il faudra toujours en conserver pour rendre l'ennemi moins audacieux, pour l'obliger à s'abriter et à ne manœuvrer que derrière ses tranchées, pour cela il faut donc de petits calibres qui puissent être mis facilement en position et être retirés aussi vite, puis qui tirent avec une précision absolue et rapidement.

Puis, comme il n'y a pas de bonne défense sans retours offensifs, chaque place fortifiée doit avoir à sa disposition un certain nombre de pièces de campagne; la position de la place et la facilité plus ou moins grande que peut offrir le terrain pour l'emploi de cette artillerie doit pour chaque cas spécial influer sur la détermination du nombre de ces pièces de campagne.

Les mortiers rayés doivent à l'avenir aussi être introduits car le feu d'artillerie est devenu si meurtrier que le défenseur comme l'assaillant devront faire usage d'abris nombreux, or, comme il sagit de faire subir à l'ennemi des pertes non seulement en matériel mais en hommes, il faut introduire des mortiers rayés qui, tirant plus juste, permettront d'atteindre plus sûrement les abris de l'ennemi.

Après m'être occupé de l'artillerie j'en arrive aux armes à feu portatives. Je disais en commençant ce chapitre que ce n'est pas les armes qui avaient décidé la lutte, mais bien la manière de s'en servir, et j'ai réservé pour la fin mon plus fort argument. Si ce sont les armes qui décident d'une affaire, l'infanterie française aurait dû être partout victorieuse, car elle était pourvue d'une arme supérieure en tous points au fusil à aiguille.

Le Chassepot avait une trajectoire si tendue qu'à 1500^{m} et même jusqu'à 2000^{m} l'artillerie allemande éprouva des pertes sensibles. C'est la première guerre où chose semblable est arrivée; les pertes les plus sensibles qu'éprouva le bataillon des chasseurs de la garde prussienne furent entre 550 et 1200^{m}; que pouvait faire l'infanterie prussienne avec son arme à court effet? il ne lui restait rien d'autre à faire qu'à s'avancer à l'abri de son artillerie, l'arme au bras, jusqu'au moment où elle pourrait faire usage de son feu. Comment se fait-il que l'effet du Chassepot qui commençait à de si grandes distances n'ait pas été écrasant à des distances décisives? c'est qu'encore une fois, ce n'est pas l'arme qui décide d'une action mais bien la manière de s'en servir. L'armée française sous le coup de la guerre de Bohème, où le feu de l'infanterie prussienne s'était montré dans tout son lustre, après avoir introduit le Chassepot crut raisonner juste en admettant que c'était par une pluie de balles qu'il fallait écraser son adversaire et que c'était de loin déjà qu'il fallait semer la mort dans le rangs ennemis; la conclusion était juste, mais à une condition, c'est qu'à des distances décisives l'effet allât toujours en croissant, et ce n'était pas le cas, mais comment cela se fait-il? L'explication me paraît naturelle et facile à donner. Ouvrir le feu à de grandes distances avec une infanterie qui n'est pas suffisamment formée au tir c'est couvrir de ses projectiles une grande surface de terrain, les uns portent loin, d'autres portent près, ceux qui touchent près s'enterrent ou ricochent, mais l'ennemi s'avance et se rapproche, la direction du feu ne s'améliore pas pour cela et une grande partie des balles mal dirigées dépassent alors la ligne ennemie, le feu s'éparpille sur une grande étendue et l'ennemi se rapprochant n'éprouvera pas des pertes en rapport à la distance où il se trouve; il y a plus encore, en se rapprochant, l'ennemi à son tour peut répondre au feu et s'il connaît le tir il écrasera tout ce qui se rencontrera sur son passage, il concentrera son feu, tandis que son adversaire qui l'éparpillait lorsqu'il n'avait rien à craindre des projectiles ennemis continuera à l'éparpiller davantage au moment où il sera exposé aux coups de son adversaire et au moment où il aurait fallu le concentrer davantage.

L'infanterie allemande lutta contre des armes bien supérieures, par des formations convenables, en utilisant le terrain pour se couvrir, en manœuvrant habilement, par une discipline admirable, car il en faut pour s'avancer contre une pluie de balles sans pouvoir répondre, enfin par une instruction du tir telle, qu'arrivée à des distances où elle pouvait ouvrir le feu c'est à dire en maximum à 600^{m} elle put concentrer un feu terrible sur son adversaire. A armes et à instruction du tir égales à l'avenir, l'infanterie sera supérieure qui saura le mieux manœuvrer, utiliser le mieux le terrain, qui sera la mieux disciplinée et qui aura la plus grande force morale.

Que dire maintenant des armes de la cavalerie? il faut à la cavalerie des armes appropriées à sa manière de combattre. Je pense que la dernière campagne vient de démontrer qu'à l'avenir une infanterie qui offre quelque solidité ne peut plus être abordée par la cavalerie. Le rôle de cette arme doit donc changer, et si elle est destinée surtout au service d'éclaireurs il paraît urgent d'armer la cavalerie aussi d'une arme à feu qui puisse lui permettre d'accomplir sa tâche. Il faut donc à la cavalerie une bonne arme à feu, facile à charger et lui permettant comme elle ne combattra que par moment avec son arme à feu de couvrir par un feu rapide le but contre lequel elle tirera; il me semble qu'aucune arme ne répond mieux à ces exigences que la carabine à répétition.

Je ne puis passer sous silence une observation qui me fut faite par d'anciens officiers de chasseurs allemands; le chasseur, selon eux, doit être armé d'une arme à double détente pouvant être réglée suivant le tact du tireur; le chasseur doit conserver sa supériorité sur le gros de l'infanterie surtout par un tir supérieur, or, sans double détente, il est impossible d'obtenir cette précision de tir. Je cite cette observation faite par des hommes pratiques qui sortaient d'une campagne de sept mois et dont le jugement me paraît d'un grand poids.

J'irai plus loin et je demanderai : ne serait-il pas nécessaire d'introduire la double détente pour une certaine partie de notre infanterie du moins dans une proportion telle que l'expérience démontrera qu'on trouvera de bons tireurs dans nos compagnies d'infanterie ? Si cette double détente peut rendre de grands services à des chasseurs elle rendra les mêmes services dans les mains de fantassins habiles qui se trouvent en plus ou moins grand nombre dans nos compagnies d'infanterie. Cette double détente relèverait le moral de l'infanterie elle serait un honneur pour les hommes à qui l'on pourrait confier cette arme plus délicate et elle rendrait dans leurs mains d'immenses services.

CHAPITRE V.

Des munitions.

Et d'abord des munitions d'artillerie. L'artillerie allemande de campagne n'a pris avec elle que des obus avec fusées à percussion et quelques boîtes à mitraille; l'effet produit par ces obus était écrasant, les lignes de tirailleurs elles-mêmes devaient souvent reculer contre la pluie des éclats d'obus. Les officiers d'artillerie allemande étaient d'avis qu'avec ces obus l'artillerie avait produit son maximum d'effet désirable et le grand avantage qu'ils y voyaient c'était la simplification des munitions.

Deux batteries prussiennes employèrent à la sortie de Montretout des Shrapnels comme essai, shrapnels, m'a-t-on dit, qui produisirent aussi un effet puissant; ne connaissant pas les détails et les circonstances dans lesquelles ces batteries ouvrirent leur feu, je ne porterai pas de jugement. Je ferai cependant observer qu'à l'avenir l'artillerie ouvrira souvent son feu à des distances où le shrapnel ne peut pas encore être employé efficacement, que le tir à obus se fera toujours plus rapidement que le tir à shrapnels, que l'obus restera le projectile par excellence contre le matériel ennemi, pour l'attaque des ouvrages, pour déloger l'ennemi des maisons, pour incendier, que le shrapnel ne pourra être employé que dans le cas où l'observation des coups sera possible, que le shrapnel ne peut être employé que contre des êtres vivants, et que lorsque la hausse aura été trouvée par des obus; donc il me semble logique de tirer la conclusion que le shrapnel ne devra être qu'une minime partie des approvisionnements, comme du reste cela est déjà le cas actuellement chez nous.

Il y a encore une restriction à faire, c'est que la fusée du shrapnel, qui est encore à trouver, supporte le transport et les changements de température sans se détériorer, qu'elle soit simple et d'un maniement facile et sûr et que les officiers d'artillerie en connaissent l'emploi comme ils connaissent l'emploi des obus avec fusée à percussion.

Il sera toujours plus facile de bien diriger un tir à obus qu'un tir à shrapnels par le fait que l'observation du point d'éclat de l'obus se dessine mieux sur le terrain que le point d'éclat du shrapnel en l'air; pour arriver à un emploi plus facile du shrapnel, il me semble qu'il y aurait un grand avantage à donner à ce projectile le même poids qu'à l'obus, de cette manière une fois la hausse trouvée avec l'obus, il n'y aurait plus d'hésitation possible et la seule correction à apporter serait d'augmenter ou de diminuer la durée de la fusée du shrapnel; les distances en mètres pourraient alors être fixées sur les hausses au lieu d'y graver les millièmes. On restreindrait à la vérité par ce moyen le nombre des balles pour nos shrapnels de campagne et on en diminuerait un peu l'effet, mais on simplifierait en revanche l'emploi de ce projectile.

La fusée à percussion allemande, qui n'est autre chose que notre fusée, laisse peu à désirer, cependant il parait nécessaire de sortir souvent l'obus pour se rendre compte si le percuteur joue bien et conserve toute sa liberté de mouvement.

Le jugement porté par les Allemands sur les obus et shrapnels français est que tous éclataient irrégulièrement et ne produisaient que peu d'effes; si je n'avais entendu porter ce jugement que par un ou deux militaires, je n'en aurais pas tenu compte, mais tous, sans exception, me disaient : Ces projectiles mal gradués nous encourageaient plutôt.

J'arrive à la conviction que rien ne doit être négligé pour arriver à trouver une fusée de shrapnel offrant les garanties nécessaires, et qu'à l'avenir, de deux artilleries en présence celle-là sera la plus écrasante qui, à de certains moments, saura employer aussi sûrement le shrapnel que l'obus ; un coup de shrapnels bien dirigé ne sera pas autre chose qu'un coup de mitrailleuse avec l'avantage qu'il est plus facile d'observer le point d'éclatement du shrapnel que le point touché par les balles de la mitrailleuse et qu'un coup à shrapnels bien dirigé vaudra en moyenne pratiquement 4 coups de mitrailleuse. Je laisse à penser ce que sera son effet moral !

Si l'on obtient le shrapnel modèle, on pourra me semble-t-il supprimer entièrement la mitraille. J'appuie mon dire sur cela, que le rôle de l'artillerie a changé et que cette arme peut aujourd'hui combattre aussi bien de loin que de près et que, si jadis elle devait se rapprocher parfois jusqu'à 300 ou 400 mètres pour produire son effet, la distance de 600 mètres devient aujoud'hui sa distance minimum ; or si l'artillerie rayée tout en produisant avec ses obus et ses shrapnels un effet plus terrible que l'artillerie lisse avec sa mitraille peut combattre cependant de plus loin, il est clair qu'elle aura moins d'occasions à l'avenirde faire usage de sa mitraille ; jadis la mitraille était un projectile offensif et défensif, avec l'artillerie rayée elle n'est plus qu'un projectile défensif, plus encore, les cas de la défense où elle pourra faire usage de ce projectile, ont par le fait de l'introduction des nouvelles armes, été réduits à un minimum.

J'en arrive maintenant à l'approvisionnement en munitions qu'une batterie doit prendre avec elle.

Je ferai remarquer que dans cette dernière campagne l'artillerie allemande a employé une grande quantité de munitions, je ne puis pas indiquer par des chiffres la moyenne des coups tirés par pièce, mais ce que je sais, c'est que dans plusieurs régiments d'artillerie il y a eu plus de 100 coups tirés par jour et par pièce. Cela n'est pas étonnant, l'artillerie ne produit de l'effet que par son tir, donc il lui faut des munitions et le cas pourrait se présenter où les mêmes pièces auraient à renouveller les mêmes efforts pendant deux ou trois jours de suite, il importe donc que l'artillerie ne se trouve pas dans l'embarras et puisse compléter ses munitions. Voilà donc la raison pour laquelle les officiers d'artillerie disaient, le 4-liv. est un calibre qui a sa raison d'être. Nos batteries de 4-liv. nouvelle ordonnance ont été dotées avec une grande perspicacité de $1^1/_2$ caissons par pièce, mais nos batteries de 4-liv. transformées de même aussi que nos batteries de 8-liv., ne conduisent en ligne qu'un seul caisson par pièce; il me semblerait urgent d'augmenter pour toutes nos batteries le nombre de coups et d'établir la proportion de deux caissons par pièce et en ligne, sans modifier en rien le nombre des caissons d'artillerie contenus dans nos parcs de division. Un autre moyen qui me paraîtrait peut-être préférable encore, serait de donner à toutes nos batteries en ligne $1^1/_2$ caisson par pièce et de donner 6 caissons par batterie aux parcs de division, pour cela il serait nécessaire de former un parc de division d'artillerie à part, de même aussi qu'un second parc pour les munitions d'infanterie. Cette distinction est admise dans d'Allemange du Nord avec avantage, le service des parcs se fait mieux, la surveillance et la comptabilité sont facilitées, les parcs sont plus mobiles puisqu'ils ont moins de voitures, le remplacement des munitions se fait d'une manière plus régulière puisque les parcs sont mieux à portée des corps qu'ils ont à approvisionner en munitions et nous aurions plus de munitions d'artillerie disponibles, sans compliquer par cela le service des parcs. Je dirai encore que moins une armée a d'artillerie à sa disposition, plus elle devra pouvoir compenser cette infériorité numérique par un tir plus nourri, il lui faudra donc proportionnellement parlant un plus grand approvisionnement en munitions. N'ayant pas de chapitre à part pour les parcs, j'ajouterai encore que le besoin s'est fait sentir d'avoir non pas seulement des affûts mais des pièces complètes de rechange, de manière à pouvoir instantanément remplacer telle pièce hors de service.

J'en arrive ici aux munitions d'infanterie. La cartouche avec douille en métal, a évidemment l'avantage, la munition se conserve mieux.

Le langage tenu par l'infanterie prussienne est autre que celui qu'elle tenait après la campagne de Bohème. Sept cartouches par fantassin, voilà si je ne me trompe ce qui avait été employé en moyenne pendant la durée de la campagne. Je regrette de ne pas pouvoir donner des chiffres positifs sur la quantité des munitions d'infanterie employées pendant cette dernière campagne, mais l'impression des officiers auxquels j'ai parlé est qu'il est nécessaire d'augmenter le nombre des munitions. L'infanterie prussienne et les chasseurs portent 80 cartouches, 40 dans le sac, 40 dans les deux gibernes; eh bien, dans beaucoup de cas ce nombre de cartouches n'est pas suffisant, à cela rien d'étonnant, le tir a pris aujourd'hui une grande valeur, le chargement peut se faire rapidement, le feu peut être ouvert avec les nouvelles armes à de plus grandes distances que par le passé, l'infanterie combat plus isolément, donc telle compagnie ou tel bataillon peut par cela même être réduit pour un temps plus ou moins long aux approvisionnements qu'il porte sur lui. L'attaque à la bayonnette, par moment encore, moyen puissant d'action a cependant pour beaucoup de cas été rendue impuissante. Tout cela me porte à dire que le fantassin doit avoir plus de munitions à sa disposition.

„80 cartouches, me disait un habile officier de chasseurs au juge-
„ment sain et froid, ne suffisent plus il en faut au moins 100; ce qui
„se trouve dans les caissons l'homme ne peut pas toujours en disposer
„quand il en a besoin et y a-t-il quelque chose de plus grave que de
„voir un fantassin sans munition! Peu tirer, mais ce principe est faux;
„dans bien des cas, il faut un feu écrasant et le feu ne devient écrasant

„que par la quantité des balles lancées. Les chasseurs ne peuvent „produire de l'effet contre l'artillerie à des distances de 800 à 1000 „mètres par exemple, que par un feu bien nourri."

Souvent il est vrai, les caissons de munitions peuvent compléter les munitions brûlés, mais si le caisson n'arrive pas, et si le corps occupe une position isolée ou détachée, s'il n'a pas un nombre de cartouches suffisant, il ne produira pas son effet et il court le risque de se trouver au dépourvu.

Je sais que pendant le combat, des bataillons allemands se sont trouvés avec la giberne vide, je ne me représente pas de position plus pénible pour un fantassin. *C'est surtout le chasseur* qui a besoin de plus de munitions, car il doit ouvrir son feu à de plus grandes distances que le fantassin, mais en revanche le fantassin tire moins bien et il est nécessaire de compenser par la quantité ce qui manque à son feu en qualité. Où loger ces munitions? le soldat allemand met 40 cartouches dans ses deux gibernes, puis 20 cartouches à droite et 20 cartouches à gauche du sac dans un étui en fer blanc, contenu dans une poche bouclée, l'avantage est que le voisin peut sortir les munitions du sac, sans que le soldat ait besoin de le déposer.

Mais si, pour alléger le fantassin, l'armée allemande a fait déposer les sacs pendant plusieurs semaines, ce serait charger de nouveau le soldat en lui augmentant le nombre de ses cartouches? le raisonnement est fautif, il ne tombe dans le cerveau d'aucun homme d'enlever la bayonnette ou le sabre du soldat pour l'alléger, on ne lui enlèvera que tout ce dont il peut se passer pour vivre et pour combattre, or, pour vivre il lui faut son sac à pain et sa gamelle qui lui permettent de porter des vivres et de les cuire, pour se vêtir il lui faut ses habits, pour la nuit sa capotte et pour combattre il lui faut une arme et des munitions; je dirais presque que tout ce qui vient de plus vient du malin.

La tente du soldat et la couverture sont un précieux moyen de se couvrir et de s'abriter contre les intempéries des saisons et cepen- les armées allemandes ont fait toute la campagne sans ces deux ustensiles, elles ont été exposées aux mêmes intempéries que leurs adversaires, et tous ces hommes avaient l'air resplendissant de santé. La chose n'est pas étonnante, ce qui réchauffe le soldat c'est une nourriture suffisante, c'est un service d'intendance bien organisé, c'est l'intérêt que prend le chef au bien-être physique de ses hommes, à sa tenue, à une chaussure convenable, c'est le soin qu'il porte à la manière dont le soldat organise son bivouac; ce qui calme le soldat, le soutient, le remonte, c'est moins une couverture et une tente qui laissent toujours pénétrer le froid ou la pluie par quelque ouverture, que la confiance en ses chefs et une bonne discipline. Ne jugeons pas des besoins du soldat auprès d'un bon feu de cabinet, mais rendons-nous compte des émotions du champ de bataille et nous verrons, au dire de tous ceux qui ont fait campagne que c'est extraordinaire de voir ce que l'homme peut supporter. Que pour le service des écoles composées de jeunes gens dont le corps n'a pas encore sa croissance et sa force, ou pour une occupation de frontières où les émotions du champs de bataille manquent, on prenne un plus grand soin du bien-être matériel de nos soldats, rien de mieux, mais que l'on ne pense pas qu'en campagne cela soit nécessaire.

CHAPITRE VI.

Instruction de l'infanterie, des carabiniers et de l'artillerie.

Je commencerai par établir la différence entre l'infanterie et les chasseurs qui correspondent à nos carabiniers.

L'instruction seule et la durée du service en Allemagne font la différence entre ces deux infanteries. Le chasseur allemand est choisi parmi les jeunes gens qui désirent obtenir une place de forestier une fois leur service terminé. Le chasseur sert pendant 4 ans sous les drapeaux, le but de l'instruction consiste à arriver au développement individuel de chaque chasseur pour le service de campagne, le sens d'orientation, puis le tir. Le chasseur tire 300 cartouches par an, 250 qu'il reçoit de l'État et 50 qu'il se procure par la vente du plomp retrouvé.

La plus grande partie des hommes doit être chasseurs de 1re classe, c'est-à-dire doit arriver au degré le plus avancé du tir. Pendant 5 ans le chasseur entre dans la réserve et reçoit une place chez un forestier, tous les 6 mois le forestier doit envoyer au bataillon un certificat de bonne conduite; s'il y a l'ombre d'un reproche à sa charge, le chasseur doit rentrer de nouveau au corps. Après 9 ans dont 4 de service actif et 5 années passées comme réserve, il a droit à recevoir une place de forestier. Pendant la campagne le bataillon des chasseurs de la garde prussienne fit rentrer des hommes des 13 dernières années.

Comme on le voit ce corps est bien un corps d'élite par excellence. L'opinion d'hommes qui connaissent cette arme, était: „qu'évidemment la Prusse devait adopter une arme supérieure à celle du fusil à aiguille, qu'à l'avenir les chasseurs devaient du jour où ils étaient maîtres de leurs armes et où ils avaient été initiés à la position et aux détails manuels du tir, être formés au tir à de plus grandes distances que par le passé et surtout à des distances inconnues, que les chasseurs jusqu'aujourd'hui avaient trop longtemps tiré à de petites distances et que si en campagne le feu devait s'ouvrir de loin, il était urgent d'habituer le soldat à ce genre de tir.“ J'ai déjà mentionné le désir des chasseurs d'obtenir la double détente.

Le fantassin allemand est admirablement formé aussi, mais il ne peut pas pour l'instruction militaire être comparé au chasseur, il sert 2 ans et comme il y a moins de temps pour le former, cela revient à dire qu'il doit arriver à un développement individuel moins considérable. Les détails d'instruction sont faits avec un soin qui dépasse tout ce que l'imagination peut se représenter; le soin donné au tir est extrême et comme le disait un officier, rien ne peut représenter les rages bleues d'un capitaine prussien d'infanterie pour un seul coup de feu mal visé, aussi pour former le recrue avant qu'on lui permette de mettre le doigt sur la détente est-il contrôlé et rectifié dans sa position par son sous-officier, par son chef de peleton et par le capitaine qui assiste aussi à tous ces exercices. Les résultats du tir de chaque compagnie sont contrôlés par le capitaine, le commandant de bataillon, le colonel de régiment, qui, à son tour, les remet aux mains du général. Qu'avec un semblable labeur on arrive à un résultat, rien d'étonnant, l'armée allemande s'est rendu admirablement compte de l'effet des armes à feu et elle a mis l'accent principal sur le tir, mais elle ne s'en est pas tenu là, elle s'est dit, le tir n'est que le moyen d'arriver au but, le but final consiste à avancer, à gagner du terrain, à s'emparer des positions ou à les défendre avec le moins de pertes possibles, donc il faut apprendre à l'infanterie la manière d'avancer, de se couvrir, de tourner l'ennemi, de le surprendre, de donner au feu une direction salutaire, autrement dit, l'autre accent principal a été mis sur l'emploi judicieux du terrain et sur les règles élémentaires de la tactique.

L'infanterie prussienne développe moins le côté individuel du soldat que le corps des chasseurs ; que l'on ne croie pas pour cela qu'elle ne s'occupe pas de l'individu, elle fait tout ce que lui est possible pour obtenir ce résultat, et je crois pouvoir dire qu'il y a bien des pays où les chasseurs ne reçoivent pas une instruction aussi individuelle que l'infanterie prussienne. Quel est le résultat final de ce mode de procéder ? C'est qu'en s'occupant de l'individu on développe l'ensemble, et que l'on forme de toutes ces unités une masse mobile, intelligente qui coopère au but commun avec un ensemble admirable. Je puis donc ajouter : l'infanterie prussienne met encore l'accent principal sur le développement de l'ensemble en coordonnant par des exercices spéciaux l'activité de toutes ces individualités. L'infanterie tire moins que les chasseurs, si je ne me trompe au plus 150 cartouches par an et par homme.

Instruction de l'artillerie. Étant entré dans mon rapport adressé au Conseil fédéral à la suite de ma mission à Berlin en 1866 dans tous les détails relatifs à l'instruction de l'artillerie comme aussi des différentes armes, je me permets ici d'abréger. J'ai vu de l'artillerie manœuvrer et j'ai été surpris en voyant la précision, la ponctualité, la rapidité avec laquelle tous les mouvements étaient exécutés, il faut avoir vu comme le service de la pièce se fait pour s'en rendre compte ; je ne puis pas dire que j'admire beaucoup ces mouvements brusques, saccadés, mais il est de fait qu'ils permettent d'obtenir une rapidité d'exécution réellement incroyable. J'ai causé longtemps à des sous-officiers d'artillerie et j'ai pu me convaincre que leur instruction militaire ne laissait rien à désirer.

Le matériel prussien est dans un état excellent et j'ai admiré l'ordre avec lequel tout est paqueté et en place, c'est devenu un besoin pour moi et mes hommes, me disait un chef de pièce, ainsi que pour toute l'artillerie, d'avoir un ordre aussi parfait; ça ne donne pas plus de peine et la surveillance est bien facilitée.

L'accent principal est mis par l'artillerie prussienne sur le tir et sur le service de campagne, arriver au point d'action par le chemin le plus court avec les formations les plus simples, trouver les positions les plus avantageuses au point de vue de l'artillerie, aussi bien qu'au point de vue de l'ensemble et corriger judicieusement son tir, tel est le but final de toute son instruction. J'ajouterai ici comme détail, qu'arrivant en position toutes les pièces pointent avec la hausse indiquée; la première fait feu, si le coup porte trop court, la 2e pièce augmente la portée par 1/8 ou 2/8 de tour de la visse de pointage, (1/8 de tour modifie la portée de 100 mètres); la 3ème pièce modifie de même à son tour; de cette manière il n'y a pas de temps perdu par cela qu'il faut déplacer la hausse et pointer à nouveau; une fois la distance trouvée toutes les pièces donnent alors la hausse correspondante à la distance. Le maniement de la visse de pointage est plus facile que chez nous.

Le chef de pièce avec les serruriers qui ont été formés pendant six semaines dans une école spéciale, est chargé de l'entretien de la bouche à feu. La boîte de roue est construite de telle manière que les batteries peuvent marcher pendant plusieurs semaines sans avoir besoin de graisser.

CHAPITRE VII.

Tactique des différentes armes.

Les chasseurs allemands ont repris dans cette campagne leur vraie position, cette arme a grandi dans l'opinion de tous. Pendant longtemps les officiers de chasseurs souffrirent du rôle d'infanterie de position donné à leur arme, rôle qui paralysait leurs efforts ; aujourd'hui elle est la meilleure infanterie d'élite, elle est capable de résoudre les problèmes les plus difficiles qui peuvent incomber à l'infanterie, elle est apte à l'attaque comme à la défense, cependant par le fait que le tir des chasseurs est supérieur à celui de l'infanterie, on emploiera les chasseurs là où il s'agira d'occuper fortement tel point important ou de s'en emparer, et aussi dans les cas où il faudra des hommes plus habiles et mieux habitués à apprécier la valeur du terrain. On ne les emploiera pas pour l'attaque de positions étendues, car ces positions ne peuvent être attaquées que par le nombre, et les chasseurs doivent être ménagés pour les cas importants. Ainsi donc la tactique des chasseurs consiste à ouvrir leur feu à des distances où l'infanterie ne peut pas encore tirer, à paralyser par un feu bien nourri et bien dirigé, une artillerie qui se serait avancée jusqu'à 1000^{m}, à assurer les flancs ou à occuper tel point en avant de la ligne de bataille qu'il importe de conserver, à porter un coup décisif sur un point important de la ligne ennemie, à former l'avant-garde, à couvrir une retraite et enfin comme réserve.

Les chasseurs ne doivent pas être employés là où l'infanterie peut suffire, ils sont les gros calibres qui n'entrent en action que lorsque les petits deviennent insuffisants.

Les chasseurs forment donc une réserve pour l'emploi de laquelle le chef ne sera jamais dans l'embarras puis qu'il peut en disposer pour tous les services.

L'infanterie prussienne se compose actuellement de fantassins et de mousquetaires, ce qui équivaut chez nous à la différence entre les compagnies de chasseurs et du centre ; si je dis que les fusiliers ont la buffetterie noire et les mousquetaires la buffetterie blanche, je pense que j'ai indiqué la distinction la plus caractéristique entre ces deux infanteries. L'instruction et le temps de service étant les mêmes, leur emploi sera le même aussi, donc la distinction entre ces deux infanteries n'a plus sa raison d'être.

Des feux. L'infanterie y compris les chasseurs met plus d'hommes hors de combat par ses projectiles que par ses bayonnettes, le moment où l'infanterie en arrive à s'aborder à l'arme blanche est, si l'on parle de la durée, la montre en main, imperceptible comparé à la durée du combat qui précède. Les feux de l'infanterie resteront donc toujours la partie la plus importante du combat, tandis que le combat à l'arme blanche deviendra toujours plus court, sans rester pour cela moins décisif ; l'infanterie qui tirera le mieux et supportera le plus vaillamment le contact de la lame, sera certainement la plus terrible.

Depuis le fusil à aiguille, les armes à feu portatives ont fait des progrès, la distance à laquelle les nouvelles armes peuvent tirer est plus grande, la trajectoire est plus tendue, la rapidité du feu a augmenté. L'infanterie doit-elle profiter des avantages que lui fournissent ces armes perfectionnées, ou doit-elle continuer à ménager son feu pour les distances qui convenaient au fusil à aiguille ? Comme on le sait, pour *les bons tireurs isolés* de l'infanterie prussienne, la distance de 600^{m} peut être envisagée comme un maximum contre les masses, tandis que le chasseur prussien peut porter son feu individuel contre des masses aussi jusqu'à 800^{m}. Je crois rester dans l'esprit et l'emploi d'une véritable infanterie en établissant comme règle que la distance à laquelle l'infanterie pourra ouvrir son feu dépendra du degré de développement qu'elle aura atteinte, or, à armes égales une bonne infanterie pourra tirer plus loin qu'une infanterie inférieure en qualité.

Mais il y a une limite cependant à déterminer et je crois pouvoir sans exagération dire que des *tireurs habiles* et en position pourront ouvrir leur feu contre des masses ou de l'artillerie jusqu'à 1000^{m}, tandis que contre des buts semblables, le gros de l'infanterie ne devra pas dépasser la limite de 600^{m}; je dis tireurs habiles car nous en avons dans nos bataillons d'infanterie et c'est pour cela que je demendais de leur donner une arme à double détente.

L'infanterie ne doit pas oublier que plus l'ennemi se rapproche plus aussi son feu doit être nourri et qu'ouvrir le feu à de trop grandes distances sans être assuré de produire l'effet, c'est dépenser en vain ses munitions. Il y a un point important à ne pas oublier, c'est qu'une infanterie qui tire de trop loin sans produire l'effet désirable, perd confiance dans son arme et n'a plus la force de soutenir l'effet de l'arme blanche. L'infanterie prussienne donne ses salves entre 30 et 300^{m} en maximum suivant le terrain; avec de meilleures armes surtout à répétition il paraît raisonnable de pouvoir donner les salves même au delà de cette distance à savoir jusqu'à 400^{m} sur un terrain favorable; quelques salves données à cette distance avec précision et rapidité produiront un tel effet que l'on peut bien admettre qu'aucune infanterie ne sera capable d'avancer sous cette pluie de plomb. Pour tenir compte de l'erreur dans l'appréciation des distances, l'on pourra avec avantage commander pour le premier peloton: hausse pour 400^{m} et pour le second peloton: hausse pour 300^{m}, de cette manière on battra un terrain plus complétement et l'infanterie ennemie n'aura de refuge que dans un mouvement en arrière. Faut-il le feu de salve ou le feu de files? L'infanterie prussienne a fait un usage fréquent du feu à volonté. — Ce tir n'est possible, et ne promet de de l'effet qu'avec une troupe bien formée au tir, et connaissant à fond l'emploi de son arme, l'infanterie qui saura le mieux utiliser le feu individuel, aura évidemment la supériorité, car dans ce tir chaque balle doit atteindre son homme, tandis que dans le tir de salves, l'effet n'est produit que par la masse des projectiles; il est clair que si l'infanterie peut rester masquée jusqu'à un moment donné et que son intention soit de produire un grand coup, il y aura plus d'avantage à donner un feu de salves, de manière à surprendre l'ennemi et à l'écraser dans le plus court délai possible. Je dirai en terminant *qu'il y a moins d'inconvénients à ouvrir un feu bien dirigé à de moindres distances, qu'à ouvrir son feu trop tôt, sans que l'on soit assuré qu'il produise un effet décisif.* L'infanterie qui méconnait ce principe court à sa perte.

Formation de combat. L'infanterie allemande a conservé pendant toute la durée de la guerre la formation des colonnes de compagnies; toute autre formation plus compacte, même par demi bataillon par exemple, (le bataillon prussien a 1000 hommes) offre trop de prise au feu de l'artillerie, et est trop peu maniable. Les colonnes de compagnies permettent de mieux utiliser le terrain et surtout de manœuvrer d'une manière plus efficace en lançant une ou deux compagnies du bataillon sur le flanc le plus faible de l'ennemi. Quatre compagnies détachées et manœuvrant cependant avec une idée commune inquiètent davantage l'ennemi, et le chef de bataillon peut mieux combiner ses mouvements avec ces quatre dès dont il peut disposer qu'avec deux demi bataillons.

Ces 4 compagnies reçoivent avant l'action les dispositions du commandant de bataillon qui ordinairement conserve une ou deux compagnies en réserve. *Si tôt que possible* le commandant de bataillon pousse une ou deux compagnies sur un des flancs de l'ennemi, mais auparavant il a lancé par exemple une compagnie en avant pour occuper l'ennemi et détourner son attention de l'attaque qu'il prépare sur le flanc, cette compagnie s'avance, mais pas trop, elle n'accentue son mouvement que du moment où l'attaque de flanc a commencé. La réserve reste à la disposition du commandant de bataillon. Les officiers qui *exécutent se portent en avant;* au feu les capitaines mettent pied à terre; les officiers qui dirigent, les commandants de bataillon restent plutôt en seconde ligne, et doivent éviter de s'exposer inutilement, à moins qu'il ne tiennent au premier jour du combat à montrer à leurs soldats que leurs nerfs sont aussi solidement trempés. — Lorsque la plus grande partie du bataillon est en première ligne, là alors est la place du commandant de bataillon qui intervient lorsqu'il est nécessaire. Une fois le premier degré franchi il y a comme un moment d'arrêt où la troupe se reforme, après avoir repris haleine; l'infanterie s'avance si je puis dire de coupure en coupure (Abschnitt) et à chaque nouvelle coupure il faut de nouvelles dispositions. De cette manière le commandant de bataillon conserve sa troupe en main. Cette manière systématique de manœuvrer a le grand avantage d'éviter des surprises et de prévenir des revers; elle modère par fois l'élan de la troupe, mais elle offre des avantages incontestables, sans cela après quelques heures de combat, le commandant de bataillon courrait le risque de perdre entièrement son bataillon de vue.

Le commandant de bataillon doit éviter, une fois ses dispositions communiquées à ses officiers, de donner des ordres ultérieurs avant d'être parfaitement assuré de la nécessité de ces nouveaux ordres; il faut laisser agir les capitaines au risque même de les voir dévier, car l'officier en première ligne peut mieux juger parce qu'il voit mieux et le terrain et l'ennemi. Le commandant de bataillon doit bien désigner dans ses dispositions le but à atteindre et le point de direction qui sont parfois différents; pour arriver en *A* il faut peut être passer par *B* qui se trouve en dehors de la ligne droite, il faut éviter de parler d'aile droite et d'aile gauche, attaquez à gauche ou à droite, c'est plus clair et ça ne laisse aucun doute. — Ce sont des petites règles de détail que chaque homme de la partie connaît, mais que je crois utile de rappeler ici pour l'instruction de mes jeunes camarades.

Les 4 compagnies du bataillon manœuvrent isolément et ne forment cependant qu'un tout concourant à un but commun; le but de l'instruction doit être de faire bien comprendre aux capitaines qu'isolément les compagnies ne peuvent rien faire, tandis que travaillant en commun elles peuvent compter sur le succès. Rester unies tout en travaillant isolément, telle est la règle que chaque commandant de bataillon doit inculquer à tous ses officiers et cela par des manœuvres sur le terrain avec des colonnes de compagnies, ce qui revient à dire, développer le coup d'œil tactique des officiers d'infanterie. Nous avons donc la première ligne formée en colonnes de compagnies, la seconde, placée à 300^{m}, conserve la formation en colonne d'attaque, voilà ce que dit le règlement prussien; au feu, la seconde ligne se place d'après le terrain, c'est-à-dire qu'elle se trouvera parfois à 600^{m} en arrière de la première ligne. — L'officier supérieur doit donc connaître et apprécier la valeur du terrain, il doit s'habituer à juger de l'ensemble de la position et à ne pas se laisser arrêter et brider par des formes réglementaires qu'il est nécessaire de donner, mais qui ne peuvent pas être prises à la lettre dans la plupart des cas sur le champ de bataille.

Quelle force donner aux deux lignes (Treffen)? elles seront à peu près de même force, la première sera plutôt plus forte, il peut être nécessaire aussi de conserver une réserve, si l'on veut parer à une attaque de flanc ou rendre le combat traînant. Toutes ces dispositions à prendre dépendent non point d'une règle fixe et immuable, mais de l'appréciation du chef qui doit, avant de prendre ses dispositions, se rendre compte de ce qu'il veut. Les deux lignes sont formées par des bataillons appartenant au même régiment. Un officier supérieur d'infanterie me disait: „Nous exerçons trop peu encore le service de campagne et il nous faut arriver toujours plus à manœuvrer en temps de paix sur toute espèce de terrain et surtout dans un terrain inconnu, c'est là où le coup d'œil tactique se forme et en guerre c'est bien l'essentiel" et cependant l'infanterie prussienne exerce actuellement le service de campagne peut-être plus qu'aucune autre armée. J'ajouterai en terminant que chaque commandant de régiment reçoit comme ordonnance deux ou trois cavaliers.

Cavalerie. La cavalerie allemande a rendu d'immenses services pendant cette campagne, cependant on m'assurait qu'il y en avait trop ; il est un fait acquis c'est que le cavalier ne peut plus aujourd'hui aborder une bonne infanterie, et cependant il y aura toujours des cas où une cavalerie résolue et bien conduite culbutera l'infanterie, cependant ce sera l'exception, et l'exception confirme la règle. Quelle sera donc le rôle de la cavalerie? Son but essentiel sera toujours d'éclairer le terrain, de se rendre compte des mouvements et de la force de l'ennemi. Or, le rôle de le cavalerie changeant, il paraît nécessaire aussi de modifier son armement et l'opinion de ceux qui depuis longtemps demandent une bonne arme à feu pour la cavalerie semble se faire jour; j'ai assez confiance pour cela dans le jugement du soldat; eh bien, il n'y a pas de cavalier qui ne désire être armé d'une bonne carabine. Il y eut des escadrons allemands qui reçurent jusqu'à 50 Chassepots, cette arme est cependant un peu trop longue. Ayant été pendant mon voyage fort peu en contact avec des officiers de cavalerie, je ne me permettrai pas d'émettre ici un jugement sur la tactique à suivre par la cavalerie, car mes lecteurs ne demandent pas mon opinion personnelle, mais ils veulent savoir ce que j'ai entendu.

Artillerie. (Distances de tir.) L'artillerie allemande a dû parfois ouvrir son feu à 2000 et même jusqu'à 2500^{m}, cependant elle ne restait que peu de temps dans ces positions, suffisamment pour permettre à son infanterie de se rapprocher, puis elle se portait en avant, jusqu'où? jusqu'à des distances par fois même de 600^{m}. L'artillerie a éprouvé des pertes énormes; ainsi dans le régiment d'artillerie de la garde prussienne composé de 16 batteries 7 capitaines ont été tués;

à Saint-Privat, quatre batteries d'une des divisions da la garde ont eu 106 chevaux tués, 3 autres batteries de l'artillerie du corps de la garde ont eu sur 190 chevaux et 150 hommes: 100 hommes environ et 140 chevaux hors de combat et cependant les commandants de ces brigades étaient résolus, coûte que coûte à ne pas lâcher pied. — Les pertes en hommes et en chevaux ont été considérables, ainsi le corps de la garde fort de 31,000 hommes a eu près de 10,000 hommes hors de combat, blessés et tués pendant la campagne.

La tactique de l'artillerie allemande consistait à serrer l'ennemi de près; un colonel de régiment m'assurait qu'il n'avait jamais pris position au delà de 1500^{m} et que ses distances les plus approchées avaient été 600^{m}, mais, ajoutait-il, l'effet de notre artillerie était réellement écrasant. Cependant on peut admettre qu'à l'avenir la distance de 800^{m} peut être envisagée comme la distance minimum à laquelle l'artillerie devra se rapprocher; en fixant cette limite je ne dis pas que l'artillerie ne devra pas parfois se rapprocher même jusqu'à 6 ou 700^{m}. Je ferai ici observer que nos places d'exercice ne permettent pas toutes également bien de tirer à des distances de 2000 à 2500^{m}; or, l'artillerie ne tirera à ces distances en campagne que dans les cas où elle pourra bien observer l'effet de son tir, où elle aura par exemple une position dominante; ce serait donc, à mon avis, faire un mauvais usage de ses projectiles que de se dire, nous devons aussi tirer en temps de paix à des distances de 2000 à 2500^{m}, car le but de nos tirs d'exercice n'étant autre que d'enseigner aux officiers la manière de se corriger, il ne peut y avoir aucun avantage à tirer sans qu'on puisse juger de l'effet de son tir. L'officier qui saura bien tirer à 1500^{m}, tirera bien aussi à 2500^{m} si l'occasion s'en présente en campagne.

Les pertes énormes en chevaux prouvent une fois de plus la nécessité d'augmenter le nombre des chevaux de réserve des batteries et le besoin urgent d'établir pour chaque division de l'armée un dépôt de chevaux. Le lendemain de la bataille à 5 heures du matin, l'artillerie de division de la garde qui avait éprouvé la veille la perte de 106 chevaux, avait reçu du dépôt 100 chevaux et elle continuait sa marche.

L'artillerie allemande partait du principe parfaitement juste que l'artillerie ne peut produire de l'effet qu'en agissant par grandes batteries ; aussi évita-t-elle toute dissémination des batteries. L'artillerie de division elle-même se concentrait sur un point de la ligne de bataille ; de cette manière la conduite de l'artillerie de division était facilitée et l'effet produit écrasant. Le commandant de l'artillerie de division (4 batteries) allait en reconnaissance, puis il indiquait la direction générale de la ligne en désignant aux capitaines la place qu'ils devaient occuper, la droite, la gauche ou le centre. Une fois au feu les capitaines s'occupaient surtout de la direction du feu. L'artillerie manœuvrait par échelons en ayant soin de placer le second échelon à 40^{m} en avant de la première ligne occupée, ce petit subterfuge offre le grand avantage de ne pas être observé par l'ennemi qui croit avoir trouvé la hausse et tire cependant toujours trop loin. D'autres fois, une division d'artillerie à couvert envoyait en avant une section composée d'hommes habiles et expérimentés au tir, cette section avait pour tâche de trouver la hausse, cela fait la division se portait au feu à la hauteur de la première section et écrasait tout de son feu.

L'artillerie de division agit en commun, cela ne veut pas dire qu'il faille la mettre toute en ligne dès le commencement du combat, je veux seulement dire par cela qu'il faut éviter de disséminer son feu.

L'artillerie allemande de division se compose de 4 batteries, 2 batteries de 4-liv. et 2 de 6-liv., et elle n'est commandée cependant que par un officier supérieur qui n'a à sa disposition qu'un adjudant. C'est par économie que l'artillerie a si peu d'officiers supérieurs, et il y a des cas où le manque d'officiers supérieurs se fait sentir ; la Belgique qui veut introduire aussi quatre batteries par division est d'avis que cela n'est désirable qu'autant que ces quatre batteries seront commandées par un officier supérieur d'artillerie qui aura sous ses ordres deux majors, prenant chacun le commandement de deux batteries. L'Allemagne du Nord a peu d'officiers supérieurs proportionnellement à la force de ses régiments, de ses brigades et de ses divisions, cela est possible avec un corps d'officiers subalternes aussi instruit et capable que celui dont elle peut disposer, mais cela serait un grave inconvénient pour une armée où l'instruction n'a pas encore atteint un si haut degré.

Artillerie de corps. L'Allemagne a complétement éliminé la dénomination d'artillerie de réserve, de sorte que toute l'artillerie du régiment non répartie forme l'artillerie du corps d'armée ou la *Corps-artillerie.* Cette artillerie de corps se compose de quatre batteries à pied dont deux de gros et deux de petit calibre et de trois batteries à cheval. Le nom de réserve a été supprimé parce que l'on est parti de l'idée parfaitement juste que ce nom ne répondait pas à son emploi; en effet cette artillerie peut être appelée à donner à toute heure du combat, elle peut et doit souvent entrer en ligne avec l'artillerie de division, avant que le reste de la division ait donné, et c'était donner une fausse idée de son emploi que de l'appeler réserve.

La réserve se place ordinairement en arrière et n'entre en ligne que comme dernier dé à jouer, *l'artillerie de corps* a une autre répartition dans les colonnes de marche; nous voyons pendant cette campagne l'artillerie de division détacher à l'avantgarde une ou deux batteries, placer le reste en arrière de la première brigade ou même du premier bataillon du gros s'il y avait probabilité d'ouvrir un combat d'artillerie. L'artillerie du corps était placée entre la première et la deuxième division ou aussi suivait une route à part, de manière à pouvoir se porter en ligne sans retard; dans ce dernier cas elle était accompagnée de quelques bataillons destinés à la protéger pendant la marche.

Pourquoi la placer là? parce que l'artillerie de division accompagne la division, en forme un tout intégral et que placer l'artillerie de corps plus en arrière encore cela eut signifié: ne pas être à même de renforcer à temps l'artillerie de la première division. L'armée allemande a fait donc un usage énorme de son artillerie, elle l'a employée par grandes batteries, pour préparer le combat et semer la mort dans les rangs ennemis, en un mot pour faciliter la tâche à l'infanterie. L'artillerie est devenue par son emploi, l'arme importante et l'on peut admettre que la tactique pivotait autour d'elle, que l'infanterie réglait ses mouvements d'après l'artillerie.

Je ne dis pas ceci pour rehausser cette armé plus qu'une autre, car aucune arme prise isolément ne peut arriver à des résultats décisifs, j'appuie seulement sur ce fait pour dire qu'aujourd'hui plus que jamais un officier supérieur qui ne connaît pas l'emploi de l'artillerie, non pas les détails techniques, aussi bien qu'un officier de l'arme n'est plus à la hauteur de sa tâche et courra risque d'exposer sa division, son corps à des pertes énormes ou à un désastre, contre un adversaire qui saura faire usage de son artillerie.

J'ai déjà dit ce qui avait fait l'infériorité du tir de l'artillerie française par rapport à ses projectiles; l'infériorité numérique de ses batteries expliquera sans doute leur éparpillement sur toute la ligne de bataille, ne se montrant nulle part en masses suffisantes. Ceci est l'opinion du moins de quelques officiers supérieurs allemands qui trouvaient aussi que l'artillerie française était trop peu indépendante de son infanterie et restait beaucoup trop attachée aux ailes de ses brigades d'infanterie. Je donne cette opinion comme une opinion du champ de bataille, je ne puis pas en prouver l'authenticité, car pour cela il faudrait avoir une description exacte et officielle des différents combats.

Ainsi cette campagne a confirmé une fois de plus que l'artillerie pour produire de l'effet doit être réunie en grandes batteries et que toute dissémination de l'artillerie sur le champ de bataille est une faute et devient une cause de faiblesse.

CHAPITRE VIII.

État-major.

L'état-major est l'expression fidèle de l'armée. Se plaindre de l'état-major c'est critiquer l'armée, car l'état-major représente le degré le plus élevé de l'instruction de l'armée. Former un état-major de premier ordre en dehors de l'armée, c'est une impossibilité, car l'état-major ne doit pas se composer uniquement de savants, de gens qui ne sont capables que la plume, ou le compas à la main, l'état-major doit représenter au plus haut degré le côté pratique du service, il doit être à même d'instruire, de commander, de diriger la troupe, de se rendre compte de ses besoins tout aussi bien et dans bien des cas même mieux que quelque officier de troupe que ce puisse être; ceci revient à dire qu'en fait d'instruction l'armée de l'Allemagne du Nord ayant atteint son maximum de développement c'est la raison pour laquelle l'état-major qui est à sa tête est certainement le plus capable de l'Europe.

Je recommande la lecture du rapport de Monsieur le lieutenant-colonel Stoffel adressé depuis Berlin au ministre de la guerre français sur la composition et la formation de l'état-major prussien. Ce travail a été publié en mars de cette année dans la plupart de nos journaux suisses et il résume à mon avis admirablement tout ce qu'il est possible de dire sur la formation la mieux entendue d'un état-major.

Pourquoi la Prusse peut-elle se tirer d'affaire avec un état-major relativement aussi peu nombreux? parceque son état-major est admirablement soutenu par les commandants de troupes et qu'il peut donner des ordres, sûr qu'il est de trouver parmi les officiers de troupe des hommes suffisamment capables pour les exécuter. Avec des officiers de troupes moins instruits et moins bien formés, l'officier d'état-major devra intervenir plus souvent et plus directement, donc il sera nécessaire d'en augmenter le nombre.

CHAPITRE IX.

Service d'intendance.

Pour que cette branche du servive se fasse bien, il faut qu'une armée ait de l'ordre et une bonne dicipline, que les chefs des unités administratives portent un intérêt continuel au bien être matériel de leur troupe, que les officiers et employés du service d'intendance déploient un zèle bien entendu, puis surtout et avant toutes choses que le service de l'état-major ne laisse rien à désirer. Pour que le commissariat puisse satisfaire aux besoins matériels de l'armée, il doit être exactement renseigné autant que cela est possible en campagne sur les mouvements probables et sur la répartition exacte des troupes; l'affaire de l'état-major consiste à dire: il y aura à tel ou tel endroit tant de troupes à nourrir pendant un temps de . . . . ., les routes à utiliser pour ce service sont telle et telle, l'affaire du commissariat consistera à trouver les moyens nécessaires pour exécuter les ordres de l'état-major.

Le commissariat des guerres peut disposer de toutes les ressources du pays, en ayant égard cependant aux populations qui doivent avoir de quoi vivre encore, il doit connaître la statistique exacte des ressources du pays et prendre ses mesures pour tirer d'ailleurs ce qui manque. Pour faire venir des vivres et remplir ses magasins il faut au commissariat des moyens de transport suffisants, avec une partie desquels il approvisionnera les magasins organisés; les corps d'armée allemands disposaient pour cela de 9 colonnes de vivres à 32 voitures.

Ces moyens de transport ne suffisent pas, il en faut d'autres qui relient l'armée aux magasins; chaque corps d'armée avait 5 à 600 voitures réquisitionnées en Allemagne pour la durée de la guerre, ces voitures conduites par des civils devaient se trouver plus près de l'armée, c'est à dire entre l'armée et les magasins, car là la surveillance était mieux faite tandis que les colonnes de vivres militairement organisées pouvaient sans inconvénient être plus éloignées. Mais cette quantité énorme de voitures ne suffisait pas et chaque unité tactique avait à sa disposition des voitures pouvant transporter avec elles pour 3, 4 et 6 jours de vivres, y compris ce que le soldat portait avec lui. Ainsi les bataillons prussiens avaient 3 à 4 chars de vivres, les batteries 2 chars, non compris un char par compagnie pour le cantinier. Ces chars des unités tactiques, allaient à la rencontre des voitures de réquisitions desquelles elles s'approvisionnaient à moins que ces voitures n'approvisionnassent directement l'armée. Il arriva cependant parfois que ces chars furent séparés de leurs corps pendant quelques jours. Lorsque ces moyens manquaient et que les vivres touchaient à leur fin, les corps pouvaient ordonner des réquisitions qui cependant devaient être évitées autant que possible car elles épuisent le pays beaucoup plus que les réquisitions faites en grand et elles exercent une influence fâcheuse sur la discipline. Ces réquisitions ne devaient se faire que sur un bon signé par l'officier comptable du bataillon; si une compagnie, p. ex., se trouvait dans la nécessité de faire des réquisitions, le capitaine devait signer le bon qui devait être aussi visé par 2 sous-officiers de la compagnie.

Le bétail vivant suivait l'armée; c'est d'ordinaire aux bouchers pris dans les unités qu'incombait le soin de la boucherie, dans ce cas là il est avantageux pour éviter de cuire la viande fraîche de s'entendre dans les corps pour ne cuire que la viande tuée la veille et de tuer à un jour de distance. Les unités recevaient souvent aussi de la farine au lieu de pain, dans ce cas les boulangers pris parmi les soldats mettaient la main à la pâte et cuisaient le pain pour le lendemain. Les bouchers et boulangers des unités, étaient ménagés pour le service pendant le temps où ils étaient occupés. Lorsque le régiment allait chercher des approvisionnements à la colonne c'était un des 3 officiers-payeurs du régiment qui prenait le commandement. L'ordre du jour devait indiquer chaque fois la localité où les troupes avaient à toucher les vivres.

Chaque corps d'armée a une compagnie de boulangers et de bouchers employés surtout dans les magasins.

Un point qui me semble ressortir de tout cela c'est que plus une armée aura à sa disposition des conserves de toute nature, plus aussi il y aura d'avantage pour elle; les transports seront facilités, et surtout la préparation des vivres se fera plus rapidement et plus sûrement sans que la troupe court le risque de devoir en cas de surprise jeter la viande au quart cuite. L'artillerie toucha réglementairement par cheval

11½ liv. d'avoine,
3 „ de foin,
3 „ „ paille,

cependant dans la plus part des cas elle ne put fourager que l'avoine, tous les caissons d'artillerie étaient chargés de sacs à avoine. Pour résumer ce chapitre je dirai, les magasins ont joué un rôle important; l'intendance allemande disposait de moyens de transport en avant et en arrière des magasins; l'intendance approvisionnait l'armée autant que possible, mais l'armée elle-même ne devait pas rester inactive et elle devait avec ses voitures aller chercher les approvisionnements qui étaient conduits aussi près que possible et tenus à sa disposition. Il m'est impossible de donner un aperçu exact de tout ce qui concerne ce service, mille et une circonstances influent sur les dispositions à prendre, faisant de l'exception la règle et de la règle l'exception; puis pour dire les choses comme elles sont, le temps ne m'a pas permis de faire une étude plus approfondie de cette branche de service.

Si le commissariat a les moyens de transport à sa disposition et se compose d'hommes pratiques, infatigables et cherchant leur honneur dans l'accomplissement de leur tâche, ce service ne pourra pas se faire d'une manière irréprochable mais il remédiera autant que possible à l'imprévu.

CHAPITRE X.

Service sanitaire.

Malgré tout ce qu'on pourra faire, il y aura toujours des moments où ce service ne pourra pas répondre à tous les besoins; les champs de batailles sont parfois fort étendus, et personne ne peut prévoir à l'avance le nombre des victimes, et le lieu où elles seront atteintes. Cependant tout ce service a été fait avec soin par l'armée allemande, mais je ne doute pas qu'il ne subisse encore des modifications, à la suite des expériences qui auront été faites.

Chaque corps d'armée allemand avait un détachement sanitaire composé de 10 médecins et d'une compagnie de 150 hommes destinés au transport des blessés, portant un pistolet à la ceinture dans un étui en peau. Ce détachement qui restait avec l'état-major, traînait à sa suite une énorme quantité de voitures de transport et autres, il marchait, lorsqu'il arrivait à temps, si possible à l'avant-garde, et établissait ses lieux de pansement sur la place du combat. Jusqu'au moment de son arrivée, quelques hommes tirés des unités tactiques étaient chargés du transport des blessés, ceux-ci soignés provisoirement par le personnel sanitaire de ces mêmes unités.

Chaque corps d'armée disposait en outre de neuf ambulances de campagne, ayant chacune six médecins et le personnel nécessaire avec voitures. Ces ambulances s'établissaient dans les villages en arrière de la ligne de bataille, puis pour chaque corps il y avait en outre trois ambulances de réserve qui cependant ne faisaient pas partie du corps, mais des étappes; celles-ci avaient moins de matériel que les premières, et étaient destinées à relayer les ambulances en première ligne et à leur permettre de suivre l'armée. De ces ambulances provisoires les blessés étaient dirigés en arrière sur les hôpitaux permanents. Chaque étappe avait un médecin en chef.

Enfin les régiments d'infanterie (3000 hommes) disposaient de 3 médecins, un médecin de régiment et deux assistants.

Voici les observations que je pus recueillir.

1° On doit en campagne diminuer encore le nombre des médecins des unités tactiques, ce qui arrivera peut-être même en Allemagne, car tout soldat malade doit être immédiatement évacué sur l'étappe la plus rapprochée, de sorte que ces médecins n'ont pas autre chose à faire qu'à soigner les pieds blessés, et cela encore seulement à l'ouverture de la campagne jusqu'à ce que les soldats soient habitués à la marche; sur le champ de bataille il ne faut que des pansements tout à fait provisoires et ces pansements peuvent être faits par des soldats formés à ce service.

2° Le détachement sanitaire forme une colonne trop considérable, qui n'arrive pas toujours à temps, ferme les routes et gêne la circulation.

3° Le système d'ambulance par brigade me paraît mieux entendu chez nous, mieux reparti il y a plus de chance qu'il se trouve là où le besoin peut se faire sentir, cependant il me paraîtrait préférable d'augmenter encore le personnel de nos ambulances et cela aux dépens de nos médecins de corps qui, comme l'expérience vient de le démontrer, ont peu à faire en campagne, si on adopte l'idée parfaitement juste d'évacuer tous les malades sur les étappes. On objectera que sur le champ de bataille nos médecins de corps sont d'une utilité incontestable et qu'ils facilitent à nos ambulances de brigades l'accomplissement de leur tâche, cela est parfaitement vrai, mais nos médecins de corps seront occupés par manière de dire pendant 10 ou 15 jours d'une campagne, et ils seront six mois inactifs. Je prie de prendre l'esprit de mes paroles. Je fais ici entièrement abstraction du service en temps de paix pour lequel le nombre de nos médecins ne paraît pas exagéré. En augmentant le personnel de nos ambulances, celles-ci conserveraient une plus grande mobilité, par cela que pouvant disposer de plus de monde, elles pourraient sans inconvénient en laisser en arrière pour soigner les malades jusqu'à l'évacuation sur les hôpitaux sédentaires et continuer leur mouvement à la suite de l'armée, tandis qu'actuellement on se demande ce que deviendront les blessés soignés par nos ambulances? Le cas se présentera que les ambulances continueront à donner leurs soins aux blessés, et alors elles ne suivront pas leurs brigades ou elles suivront leurs brigades et abandonneront les blessés. On me répondra le règlement sanitaire y pourvoit en disant; qu'on peut appeler des médecins civils pour le traitement des blessés envoyés par les ambulances dans les hôpitaux sédentaires, cependant ce service d'hôpitaux sédantaires reste à créer pour la guerre, et c'est pour cela que je demande ou de créer de nouvelles ambulances, par exemple une ambulance de réserve par division, ou d'augmenter le personnel des ambulances de brigades. Cette nouvelle création fournirait un lien plus naturel entre les ambulances de l'armée et les hôpitaux sédentaires desservis par des médecins civils et elle parerait, me semble-t-il, d'avantage à l'imprévu que l'organisation actuelle, qui n'existe pas. Il y a assez de cas imprévus qui devront être tranchés en guerre sans en augmenter le nombre par un défaut d'organisation, et ces cas se présenteront même avec nos ambulances renforcées ou avec nos nouvelles ambulances comme je le propose.

Je n'ai pas la prétention de frapper le clou sur la tête en matière de service sanitaire, j'émets mes vues pour soulever une discussion persuadé que des hommes de la partie voyent plus clair que moi et arriveront plus sûrement à trouver la solution.

Mais augmenter le personnel ou le nombre des ambulances signifie inévitablement augmenter le matériel, faire des dépenses, mais aussi préserver d'une mort certaine un grand nombre de braves.

CHAPITRE XI.

Service des commandants de places ou d'étappes.

Ce service est organisé avec le plus grand soin dans l'armée prussienne, et certes, il a une grande importance, car il ne peut se faire régulièrement dans une place quelconque qu'autant qu'il y a un homme responsable pour la durée de la campagne ; il est évident que, si les commandants de places changent continuellement avec les troupes qui passent dans la place et y séjournent plus ou moins longtemps, il n'y aura aucun ensemble, aucune suite et aucun ordre dans les dispositions prises. Le commandant de place doit être nommé par le général, il est maître et seigneur de la place, il n'a d'ordre à recevoir que du général. Tous les officiers qui arrivent isolément dans la place *à quelque grade qu'ils appartiennent*, doivent s'inscrire à l'arrivée et au départ à son bureau avec indication de leur logement. Aucun corps de troupes n'ose entrer dans la place avant de s'être annoncé au bureau du commandant assez à temps pour que celui-ci puisse donner ses ordres ou arrêter la colonne s'il ne veut pas la laisser pénétrer dans la place.

Il commande le service de la place, mais pour cela ne se met *jamais en rapport avec les commandants de troupes* ; les adjudants des corps doivent chaque jour se présenter à son bureau à une heure déterminée et c'est là où le service se commande pour les 24 heures ; chaque jour les troupes de la place copient en tête de l'ordre du jour, l'ordre du commandant de place, que cela les concerne ou non.

Le commandant de place reçoit chaque jour un rapport sommaire sur la force des corps qui se trouvent dans la place. Il fixe les heures de retraite, de diane, la tenue pour les différents services qui ressortent de sa compétence ; il règle le service de garde, de piquet, il a au corps de garde principal un secrétaire qui reçoit ses ordres par écrit, les expédie à toutes les gardes et reçoit et résume tous les rapports qui arrivent des différentes postes. Le commandant de place peut seul donner l'ordre de battre la générale, il doit savoir tout ce qui se passe dans la place, rien ne doit échapper à son contrôle. Il a outre son livre d'ordre un journal de correspondance. Il doit avoir un tableau exact des troupes qui se trouvent dans la localité. A son bureau se délivrent les feuilles de routes, puis les billets de logement; pour cela il doit s'y trouver un représentant de l'autorité locale.

Son bureau reçoit aussi les plaintes contre les militaires, il fait en sorte que les causes soient examinées ; il surveille l'état sanitaire et les hôpitaux par le moyen du médecin de place ou d'étappes, il surveille par le moyen du commissariat les approvisionnements, il doit avoir toujours une certaine quantité de chars de transport à sa disposition et aucune réquisition de ce genre ne peut être faite par une troupe en passage sans son autorisation.

Le commandant de place doit savoir au juste le nombre d'hommes qu'il peut loger, et connaître les locaux dont il peut disposer. Il doit avoir à son bureau une carte de la localité et un tableau d'arrivée et de départ des trains.

Chaque officier ou soldat de l'armée allemande qui se trouve isolément dans une place quelconque peut se faire payer sa solde par le bureau du commandant de place; pour cela il n'a qu'à présenter son livret de solde qu'il doit toujours porter sur lui et sur le quel se trouve inscrit ce qu'il a droit de recevoir, et ce qu'il doit laisser au décompte. Le soldat reçoit la solde tous les dix jours or chaque décade est indiquée sur un petit carré de papier (p. ex. 1er au 10 janvier) découpé de 3 côtés et ne tenant au livret que par un côté; la solde payée, ce carré est enlevé de sorte que le soldat rentré au corps ne peut pas réclamer une seconde fois sa solde.

En un mot le commandant de place est responsable de tout ce qui concerne le service de la place. Pour ce service il faut un homme énergique et un bon administrateur avec un nombre d'adjudants et de secrétaires proportionnel à l'importance de la place.

CHAPITRE XII.

Fortifications.

Le chapitre que j'aborde est évidemment le plus délicat de ceux que j'ai à traiter, parceque pour la première fois l'attaque des places a pu disposer de pièces d'artillerie dont l'effet était inconnu jusqu'à aujourd'hui. Disposant donc de moyens nouveaux, l'attaque devait suivre une autre marche et la difficulté consiste à trouver un système qui puisse résumer en quelque sorte la manière dont à l'avenir les places de guerre devront être fortifiées, défendues et attaquées; je ne puis que mentionner les idées qui se sont présentées à mon esprit, laissant aux hommes spéciaux le soin du triage.

Système de fortification:

1° J'établirai d'abord en principe qu'il n'est plus permis aujourd'hui au point de vue simplement humanitaire de fortifier une ville sans l'entourer de forts détachés qui la mettent en quelque sorte à l'abri du feu ennemi.

2° La chose capitale consiste à établir les forts sur les points réellement importants; j'ai ici en vue les forts au sud de Paris qui étaient dans la position la plus désavantageuse pour la défense, tandisque si le plateau de Châtillon avait été fortifié le front sud était inattaquable, de même aussi que les redoutes des Hautes-Bruyères et du moulin Saquet rendaient le fort de Bicêtre inutile.

3° Il est préférable au début d'un siège d'avoir peu d'ouvrages mais bien placés que beaucoup mal établis; les ouvrages intermédiaires pourront toujours s'élever pendant le siège.

4° Par le fait que l'artillerie tire plus loin, les forts détachés pourront être plus éloignés les uns des autres que par le passé.

5° Il sera presqu'impossible dans la plupart des cas de battre entièrement tout le terrain, il y aura toujours quelques inégalités du terrain où l'infanterie ennemie parviendra à s'abriter; cela ne me paraît pas un grave inconvénient dans le cas où pour arriver à s'abriter, l'assaillant sera obligé de marcher à découvert; les ouvrages importants ne se prennent qu'avec de l'artillerie et cette attaque doit se faire de loin.

6° L'enceinte permanente d'une place de guerre doit simplement être à l'abri d'un coup de main; c'est donc dépenser inutilement son argent que d'élever autour de la place plusieures lignes de défense; à moins toute fois que la ville ne domine les forts et ne soit capable de résister une fois les forts pris. Cette remarque s'applique surtout à Metz qui est dominé par les forts de Saint-Quentin et Plappeville d'une manière tellement écrasante que l'on se demande à quoi peuvent servir les lignes nombreuses de défense qui entourent la ville de ce côté, car ces deux forts une fois pris, ces lignes deviennent entièrement inutiles et ces forts n'étant pas pris, jamais l'assaillant ne songera à attaquer l'enceinte. Ce n'est pas une critique que je fais au génie français, car je sais que l'enceinte avait été construite avant les forts susmentionnés et dans une époque où l'artillerie avait des effets moindres qu'actuellement, je mentionne cet exemple, simplement au point de vue théorique.

7° Il vaut mieux ne pas établir d'ouvrage de défense que de les établir avec la ferme persuasion de devoir les abandonner lors d'une attaque sérieuse. J'ai ici en vue la défense du plateau d'Avron par l'armée française. La défense de ce point était impossible et l'expérience l'a démontré; cette position était intenable pour le défenseur comme pour l'assaillant.

En le fortifiant le défenseur obligea l'assaillant à l'attaquer sérieusement et à le couvrir de ses feux. Je comprends que la défense de Paris obligea l'occupation momentanée de tel ou tel point du plateau, mais l'extension donnée à ces ouvrages en a précisément fait la faiblesse en obligeant l'assaillant à les réduire au silence.

8° Je crois pouvoir établir en principe que lorsqu'il faut beaucoup chercher pour trouver une position, cela prouve que la défense de cette position n'est pas possible; j'ai parcouru le plateau d'Avron dans toutes ses directions avec la volonté de trouver le moyen de le fortifier et je ne suis pas arrivé à une solution satisfaisante.

9° Les forts doivent être également fortifiés de tous les côtés; dans un seul cas la gorge peut être plus faiblement fortifiée que le front, c'est celui où elle n'est pas attaquable par l'artillerie. J'ai ici en vue les forts des Deux-Perches, puis celui du château de Belfort qui furent pris à revers par les batteries allemandes qui depuis Essert attaquèrent de front les forts détachés de Bellevue et des Barres. Ce cas ne se présentera pas aisément avec une ville de la dimension de Paris, mais avec une place de guerre moins grande, et avec la portée énorme des pièces de siège il faut y avoir égard. Je laisse à penser l'effet moral et matériel que produisit sur les défenseurs des 3 forts susmentionnés cette attaque imprévue sur leurs derrières tandis qu'ils se préparaient à combattre sur le front.

10° Il est plus facile de dire qu'une place de guerre avec forts détachés doit abriter tant et tant de mille hommes que de les abriter en réalité, car du jour où l'assaillant connaîtra l'emplacement du camp retranché, le défenseur peut être assuré qu'il n'aura plus de repos, ni jour ni nuit et que l'assaillant rendra le camp intenable par les projectiles qu'il y lancera; c'est encore Belfort qui me fait parler ainsi, car le camp retranché situé entre les forts de la Justice, de la

Miotte et la ville fut rendu intenable, quoiqu'entièrement à couvert de la vue de l'ennemi, par les projectiles que celui-ci y dirigea.

11° Une place de guerre quelconque munie de forts détachés devra toujours s'attendre à souffrir d'un siège même sans bombardement, car avec les portées de l'artillerie le projectile qui dépasse un fort atteint la ville; Belfort en est la preuve.

12° J'établirai comme règle générale qu'il faut réduire la profondeur d'un fort ou d'un ouvrage détaché quelconque à son minimum, l'intérieur d'un ouvrage devenant intenable dans la plus grande partie des cas au défenseur, même s'il couvre le terre plein de fossés avec parapets pour arrêter les éclats; ces tranchées rendent des services pour la circulation, mais elles sont un abri souvent insuffisant.

13° Il faut des communications voûtées en-dessous du terre plein permettant de se porter d'un point à un autre.

14° Il me paraît urgent d'établir les forts ou les ouvrages autour desquels doit pivoter la défense déjà en temps de paix, car le temps manque souvent pour les terminer, et les armer convenablement; ainsi les forts de Saint Julien et de Plappeville devant Metz n'étaient pas entièrement terminés non plus que l'ouvrage central de Châtillon ni celui au-dessus de Sèvres; ceci explique pourquoi ces deux derniers du moins durent être abandonnés.

15° Les forts doivent être de petite dimension et occuper la clef de voûte; leur but unique doit être de permettre au défenseur d'établir sous leur protection des ouvrages suivant les besoins; le fort doit donc occuper le point culminant, il doit offrir des abris suffisamment sûrs au défenseur, être à l'abri d'une attaque de vive force, pouvoir être défendu par un minimum d'hommes et n'avoir que juste assez d'artillerie pour repousser un ennemi trop audacieux et l'obliger à se tenir à distance pour établir ses batteries d'attaque.

16° L'artillerie des forts ne devra jamais se mesurer avec l'artillerie ennemie, mais ne se montrera que pour surprendre l'assaillant.

Ceci rentre dans la défense des forts, mais il me paraît nécessaire de donner ces détails qui influent sur les dimensions à leur donner.

17° La forme bastionnée à donner aux forts détachés me paraît jugée; il me semble qu'elle ne peut plus être employée, voici les raisons sur lesquelles j'appuie mon assertion. Avec la nécessité de construire partout des traverses sur les différentes lignes de défense, la circulation en arrière des parapets dans un ouvrage formé de tant de lignes brisées devient fort difficile. Tout projectile qui manque une face prend à revers l'autre face ou le flanc; tout projectile qui atteint le terre plein d'un bastion exerce ses effets sur toutes les lignes du bastion.

La nécessité d'augmenter la largeur du fossé en avant de la courtine permet à l'artillerie de battre efficacement l'escarpe; la brêche fut faite dans la courtine du fort d'Issy.

L'attaque d'une place se faisant de loin, et l'artillerie du défenseur devant être réduite au silence avant que l'assaillant tente l'assaut, puis les flancs souffrant par cette attaque à distance presqu'autant que les autres lignes, il est évident qu'ils ne rempliront plus qu'imparfaitement leur destination primitive au moment de l'assaut.

18° Je ne veux pas résoudre la question de savoir si la forme bastionnée ne peut pas être conservée pour l'enceinte d'une ville, son but n'étant alors plus de soutenir une attaque d'artillerie, mais d'arrêter une attaque de vive force.

19° Revêtir l'escarpe en maçonnerie dans les cas où elle n'est pas entièrement à l'abri du feu de l'assaillant me paraît une faute; l'escarpe revêtue met l'ouvrage plus sûrement à l'abri d'un coup de main, l'escarpe avec talus en terre résiste mieux aux projectiles de l'artillerie; il faudra dans les cas où cette dernière forme sera adoptée employer d'autres moyens pour éviter une attaque violente. Dans les deux cas la contre-escarpe doit être revêtue, dans le second le fossé devra être défendu par des caponnières et une palissade.

20° Établir des casemattes en arrière du mur d'escarpe ne me paraît plus possible ; presque toutes les casemattes des forts d'Issy et de Vanves sur le front de défense étaient percées et le mur d'escarpe avait cependant une épaisseur de 1,50m ; la brèche non practicable encore faite au fort d'Issy était causée par le mur d'escarpe d'une casematte qui s'était écroulé et auvait laissé la casematte à découvert si le défenseur ne l'eut fermée au moyen d'une épaisseur de 6m de sacs à terre.

21° Les palissades couvrant le chemin couvert et placées perpendiculairement et à 30cm environ du glacis en le dépassant d'autant, comme cela était le cas devant les forts de Paris, me paraissent trop rapprochées du glacis ; elles permettent à l'assaillant de les escalader facilement et elles peuvent être détruites de loin par l'artillerie ; il est donc nécessaire de les placer ailleurs.

22° Les parapets doivent avoir au moins 6m d'épaisseur pour résister aux gros calibres 3,60m pour résister aux calibres de campagne.

23° Les embrasures devront être abolies, telle est l'idée admise par l'artillerie allemande et la genouillère doit avoir 1,70 à 1,80m de hauteur ; cependant des officiers d'artillerie français occupés spécialement de l'artillerie pendant la défense de Paris prétendaient que contre le feu de flanc les pièces derrière des embrasures souffraient moins tandis que contre le feu de front celles-ci offrent en effet des inconvénients.

24° On peut admettre en général que chaque pièce doit être flanquée de deux traverses ; ou du moins il faut si l'on place deux pièces l'une à côté de l'autre, avoir soin de les séparer par un pare-éclats.

25° Les traverses doivent recevoir une épaisseur de 4,20 à 5,40m.

26° Pour couvrir un magasin à munitions du feu vertical il faut donner aux revêtements la plus grande élasticité possible, ainsi par exemple : couvrir le magasin de fortes poutres juxtaposées, puis de saucissons et de rails et recouvrir le tout de 1,50^m de terre. Suivant d'autres données des troncs d'arbres juxtaposés et d'un fort diamètre recouverts de 3^m de terre, résistent aussi contre les plus fortes bombes. Contre le feu direct il faut au moins jusqu'au revêtement une épaisseur de parapet de 3,60^m ; la force de pénétration étant de 2,60^m et le rayon de la sphère d'éclatement de 1^m.

27° Quelle forme donner aux forts ou aux ouvrages détachés? Après avoir longtemps réfléchi à la manière de parer à quelques-uns des inconvénients mentionnés plus haut, je visitai la redoute française des Hautes-Bruyères ainsi que la redoute du moulin Saquet, toutes deux construites pendant le siège en avant du fort de Bicêtre, et je dois dire que la seule vue de ces ouvrages suffit pour me faire mettre le doigt sur la solution.

Je trouvai là en effet des ouvrages à forts profils au système polygonal avec caponnière double en capitale et caponnière un simple aux angles d'épaule tirant dans la direction des flancs, gorge fermée en forme de ligne brisée système bastionné, une courtine, deux flancs et deux faces permettant un flanquement complet. Un second parapet parallèle à celui de la courtine avec talus extérieur dirigé du côté du terrain plein de l'ouvrage sert de traverse à la courtine, contre les projectiles ennemis qui pourraient prendre à reverse le défenseur de la gorge. C'est sous ce second parapet que se trouvent les abris pour le défenseur, de même aussi que sous les deux faces principales de l'ouvrage, de sorte que l'entrée de ces abris est tournée du côté de la gorge et que les défenseurs sont aussi près que possible des lignes qu'ils doivent occuper pour la défense. Les abris des faces sont reliés avec les abris de la gorge par deux poternes voûtées qui traversent le terre plein. L'escarpe et la contre-escarpe avec talus naturel.

Trois poternes voûtées conduisant aux trois caponnières, les caponnières construites avec d'énormes troncs d'arbres sont destinées à l'artillerie et à l'infanterie. Une forte palissade longeant tout le long du fossé est sous le feu de la caponnière.

Les abris pour la troupe me parurent admirablement établis, car ils étaient entièrement à l'abri du feu et cependant les défenseurs se trouvaient rapprochés des lignes de feu. Si cet ouvrage avait été construit dans d'autres circonstances, il est évident que la contre-escarpe eût été revêtue.

Ce qui fait à mon avis l'éloge de l'emplacement de la redoute des Hautes-Bruyères comme aussi de celui de l'ouvrage central de Châtillon construit d'après les mêmes principes par les Français c'est qu'à 20 minutes à la ronde où qu'on se porte et se retourne en avant du front, on a toujours sous les yeux ces ouvrages à fort profit qui dominent tout.

28° J'ai été au premier coup d'œil frappé de l'emploi, je dirais presque abusif, des sacs à terre par les défenseurs de Paris; quels avantages offrent-ils donc? je demandais, je m'informais de tous côtés, et chacun me répondait, leur avantage consiste à permettre de les placer facilement, de ménager la place en diminuant les talus; cette explication ne me suffisait pas; en écrivant ces lignes je crois découvrir l'application, c'est que l'assaillant peut faire usage de tous les bois avoisinants pour revêtir ses talus, il peut même faire venir de loin des saucissons et des gabions, tandis que le défenseur n'a que peu ou point de bois à sa disposition et comme cependant il doit pouvoir à tout instant construire de nouveaux ouvrages, il est clair que le défenseur est dans la nécessité d'employer d'autres moyens que l'assaillant.

CHAPITRE XIII.

Attaque et défense des places.

A. Attaque. Je commence par l'attaque car pour savoir comment il faut défendre une place, il est nécessaire de se rendre compte de la manière dont elle sera attaquée.

L'attaque d'une place forte me paraît devoir être entièrement modifiée et je crois pouvoir résumer tout le système d'attaque en disant: c'est à l'artillerie qu'incombera à l'avenir le principal rôle jusqu'au moment où le génie n'ayant plus rien à craindre du feu des défenseurs, pourra établir ses approches et ses tranchées qui seront la route à suivre par l'infanterie pour s'emparer des ouvrages.

L'artillerie aura pour mission de déterminer le point d'attaque qui sera celui où cette arme aura l'espoir d'obtenir les plus grands succès. C'est de loin qu'elle ouvrira son feu, car avec un tir exact et avec des pièces de gros calibre peu importe qu'elle se place à 8 ou 1200^m, elle doit faire subir des pertes au matériel et au personnel ennemi, elle doit couvrir les ouvrages d'une pluie d'un feu concentrique, elle doit paralyser le défenseur en l'obligeant à s'abriter constamment s'il veut éviter trop de pertes et pour cela peu importe la distance; tout en faisant cela elle le démoralisera. C'est donc par un feu supérieur que l'assaillant peut espérer arriver à un résultat.

Sous la protection de ses premières batteries l'agresseur cherchera à en établir de nouvelles qui lui promettront un résultat plus favorable encore. Le rôle du génie pendant cette première période consistera à relier les batteries d'attaque par des tranchées pour faciliter les communications et à préparer à l'infanterie les ouvrages nécessaires pour permettre à celle-ci de protéger l'artillerie et d'arrêter les sorties. L'infanterie établira un système d'avant-postes en avant ou sur les ailes des batteries, dans tous les cas ,aussi près que possible de la place de manière à prévenir les sorties; ces avant-postes seront soutenus par un fort replis d'infanterie auquel pourront être ajoutées quelques pièces de campagne. Ce replis sera relié au gros du corps d'observation par des signaux qui lui permettront d'appeler à son secours telle ou telle partie du gros ou d'appeler le gros tout entier sous les armes. Cette infanterie s'abritera d'une ligne de circonvallation qui lui permettra en cas de sortie du défenseur de résister même avec un nombre inférieur.

Lorsque l'on voit les forts des Hautes- et des Basses-Perches au sud de Belfort placés sur une hauteur de laquelle ils balayaient complétement les abords comme le feu du parapet peut battre le glacis d'un ouvrage, il n'y a pas beaucoup d'officiers qui eussent osé prétendre avant de l'avoir vu que ce serait sur ce glacis en partie rocher que s'établiraient les trois parallèles et les approches de l'ennemi à la barbe de ces deux forts; c'est que ces ouvrages avaient été réduits au silence par les batteries de l'assaillant placées en face sur une hauteur dominante et qu'alors l'infanterie allemande pouvait risquer de nuit de parcourir tout l'espace qui la séparait de ses batteries du pied du glacis naturel pour y établir là ses parallèles.

Ces parallèles dont la première était placée à quelques centaines de mètres du fort étaient une place d'armes pour l'infanterie et elles contenaient la première du moins à la droite et à la gauche une batterie de mortiers de gros calibre qui dirigeaient leur feu l'une contre le fort des Hautes-Perches, l'autre contre le fort des Basses-Perches. Deux pièces de 6-liv. placées en barbette dans la première parallèle devaient avoir l'œil au guet contre toute tentative du défenseur, d'ouvrir de nouveau son feu, deux pièces de 6-liv. car il fallait des pièces légères et d'un tir mathématiquement précis.

L'attaque de Belfort me semble un chef-d'œuvre de combinaison. Commencer l'attaque sur les forts de Bellevue et des Barres pour les réduire au silence par une attaque de front tout en prenant à revers les forts des Perches et du Château, puis tourner les deux premiers forts et les attaquer de flanc par des batteries situées entre Bavilliers et Danjoutin tout en continuant à les occuper de front et enfin attaquer de front les Hautes et les Basses-Perches par des batteries situées sur les hauteurs à l'Est de Danjoutin tandis que ces mêmes forts continuaient à être pris à revers par les premières batteries allemandes situées à l'ouest me paraît une combinaison admirable. Les Perches prises, les forts de Bellevue et des Barres étaient dominés et ils avaient assez souffert pour ne plus inquiéter sérieusement les batteries allemandes élevés sur les hauteurs des Perches et armées de pièces de 24-liv. et qui évidemment auraient en peu de jours réduit au silence les forts du Château et de la Justice.

Pour donner une idée des pentes sur lesquelles furent élevées les parallèles je dirai qu'il fallut pour gravir ces pentes et armer les batteries allemandes construites à leur sommet 20 chevaux et 50 hommes pour traîner chaque pièce de 24-liv.

Je dois ici témoigner mes remerciments à mon ancien ami le lieutenant-colonel de Schéliha, officier de l'état-major prussien qui eut la grande obligeance de me faire parcourir tous les travaux d'attaque et de défense dans l'ordre où ces différents travaux furent jugés nécessaires, cela avait d'autant plus d'intérêt pour moi que c'était cet officier distingué, jadis dans l'artillerie de la garde, qui avait été chargé de diriger les travaux d'attaque.

C'est donc par un feu écrasant que l'assaillant parvient à se rendre maître d'une place ; cela explique pourquoi l'artillerie allemande lança plus de 100,000 projectiles contre cette place qui résista cependant pendant 80 jours à cette pluie de fer.

Il faut des hommes de cœur et de devoir, il faut des hommes trempés d'acier pour supporter une épreuve pareille; le défenseur, à la remise de la place, avait plus de 40 pièces et de 100 affûts hors de service non compris les pièces égueulées ou qui avaient souffert.

J'ajouterai ici quelques observations de détail. Il vaut mieux s'abriter derrière des parapets même construits en grande partie de pierres ou derrière des murs ou des maisons que de n'avoir pas d'abris du tout, ceci ressort de tout ce que j'ai vu à Paris, à Metz et à Belfort. Les batteries doivent être construites par les compagnies d'artillerie qui seront chargées de les occuper. Il faut y réfléchir à deux fois et rétourner sa langue trois fois dans la bouche avant de donner un ordre, mais une fois l'ordre donné *il faut* qu'il s'exécute. Ceci explique comment l'artillerie allemande est arrivée à construire des tranchées dans le roc, comment elle dût mettre parfois jusqu'à six jours pour construire une batterie et comment des batteries ont pu être construites par 12 degrés de froid et avec un sol gelé à 45cm de profondeur.

Les embrasures en rails, si elles résistent, courent le risque d'être recouvertes par les terres du parapet.

Il faut éviter d'élever les batteries trop près des routes, car l'ennemi dirigeant son feu sur les batteries rend les communications par trop difficiles.

B. Défense des places. Le principe le plus important me semble pouvoir se résumer ainsi: ne laisser dans les forts que le nombre de pièces strictement nécessaire; le but de ces pièces doit être de forcer l'assaillant à établir ses premières batteries le plus loin possible, puis de l'obliger à s'abriter par des tranchées. Ces forts placés sur les points dominants ont pour eux l'avantage de la position. Le but de l'artillerie des forts doit être ensuite de repousser une attaque violente ou une surprise, puis de permettre à chaque instant du siège de lancer quelques projectiles bien dirigées sur un ennemi trop audacieux qui oserait se mouvoir à découvert. Pour le premier cas il faudra des grosses pièces, pour les deux derniers cas des petits calibres. L'artillerie des forts ne devra pas exposer ses pièces au feu de l'artillerie ennemie, mais ouvrir un feu vif, puis les mettre à l'abri une fois l'effet produit et lorsque l'assaillant développe un feu supérieur. Le feu attire le feu et si l'artillerie des ouvrages continue à tirer, elle se verra bientôt écrasée par une artillerie supérieure à laquelle elle ne pourra plus répondre.

Le défenseur doit construire des batteries comme l'assaillant. Voilà un second principe qui découle du premier et me paraît non moins important. Il est bien évident qu'une batterie offre moins de prise au feu ennemi qu'un fort de quelque dimension qu'il puisse être ; tout projectile de l'assaillant qui n'atteint pas directement la pièce, ne produit que peu d'effet, le parapet peut être criblé d'obus et cependant la batterie peut résister encore, j'en prends à témoins les batteries françaises construites à droite et à gauche du fort d'Issy qui reçurent une quantité énorme de projectiles, et qui cependant quoique dominées souffrirent peu. Du moment où le défenseur construit des batteries, il force l'assaillant à éparpiller son feu, tandis qu'il peut continuer à le concentrer. Quand le défenseur doit-il établir les batteries ? Lorsqu'il en reconnaît le besoin ; de cette manière il tient toujours l'assaillant en suspens, il l'oblige à s'avancer prudemment, tandis que si celui-ci a un but déterminé devant les yeux, il peut établir ses calculs avec une exactitude désespérante.

Il y a encore un autre avantage, le défenseur met par ces ouvrages le moral de son côté, car rien ne tue autant que l'inaction, j'en prends à témoin l'artillerie française chargée de la défense des forts d'Issy et de Vanves qui s'améliora de jour en jour malgré les pertes qu'elle fit. C'est au génie à relier les batteries avec le fort ou avec l'intérieur de la place par des tranchées.

Il est un point que je tiens à mentionner et qui m'a excessivement frappé en parcourant les ouvrages français qui reliaient les redoutes des Hautes-Bruyères et du moulin Saquet, c'est le manque total de libre sortie pour les retours offensifs. La défense de Paris fit réellement abus des barricades et l'on prétend que le général de Moltke à qui on disait cela, dût répondre: „Plus ils en construiront, moins ils pourront faire de sorties"; en effet ces barricades gênèrent considérablement le mouvement des troupes pour les sorties qui s'effectuèrent.

CHAPITRE XIV.

Résumé et application à l'armée suisse.

J'ai cherché pendant le courant de ce travail à démontrer ce qui avait fait la force de l'armée allemande et je crois pouvoir en arriver à la conclusion que c'est surtout et *avant toutes choses à son organisation militaire* qu'elle doit ses succès inouis, et en second lieu à son instruction militaire qui surpassait en tous points l'instruction militaire de la première armée française, car les armées de la Loire, de l'Est et l'armée de Paris à l'exception de quelques corps n'étaient pas l'armée française ; ces armées représentaient bien le cœur de la France, mais elles étaient sans instruction militaire aucune. Je veux m'arrêter cependant encore ici de peur que l'on ne tire d'autres conclusions que celles que j'ai tirées moi-même. Ce que le soldat, le sous-officier, le lieutenant, le capitaine, les commandants de bataillons même ont à apprendre en fait de science militaire proprement dite, est-il donc si compliqué que l'on puisse en tirer la conclusion que le peuple français étant moins instruit que le peuple allemand dût nécessairement succomber ? Je reconnais aussi les bienfaits que l'instruction peut procurer à un peuple, mais je n'en arriverai pas à tirer ces conclusions.

Si la France n'avait pas été aveuglée par ses succès précédents et n'avait pas comme à plaisir fermé les yeux sur ce qui faisait au point de vue militaire la force de sa puissante rivale, elle possédait suffisamment d'instruction pour développer dans son armée une excellente éducation militaire.

J'ai entendu et j'ai pu juger de la faiblesse incroyable des officiers subalternes même de l'armée permanente française et j'en suis arrivé à la conviction qu'un des défauts capitaux de cette armée était d'annihiler les chefs des unités tactiques en leur enlevant *de fait* (si ce n'est pas entièrement, du moins en grande partie) la responsabilité de l'instruction de leurs corps pour la confier à des officiers instructeurs; or les officiers supérieurs se recrutent des officiers subalternes et ce n'est pas à 40 ans qu'on recommence une nouvelle carrière; ce que l'officier subalterne n'a pas appris, l'officier supérieur ne l'apprendra pas non plus.

Dans l'armée de l'Allemagne du Nord au contraire chaque capitaine est entièrement responsable de tout ce qui concerne sa compagnie, il en soigne lui seul l'administration, l'habillement, l'équipement, la discipline, l'instruction, il est responsable non seulement de l'instruction de sa compagnie, mais de celle de ses officiers et sous-officiers, qui deviennent ses bras droits, il dispose de sa compagnie au moins pendant six mois de l'année, il est en un mot le père de sa compagnie; rien d'étonnant qu'avec un semblable système il s'établisse une noble rivalité entre toutes les compagnies, rivalité qui se montre dans toutes les branches du service. Ce système si juste et rationnel était tellement éloigné des habitudes et de la manière de voir de l'armée française qu'il faut même, si on veut chercher à en prouver l'excellence aux officiers de cette armée, courir le risque de ne pas être compris; le reproche le plus grave qu'ils croient pouvoir adresser à ce système est celui d'amener de la bigarure dans l'instruction, comme si l'armée de l'Allemagne du Nord n'était pas un modèle en fait d'unité.

Avant de m'occuper de l'armée suisse je ferai observer que si ce travail est différent sur quelques points de celui que j'avais l'honneur de soumettre l'année dernière à la *Société militaire fédérale*, et relatif à notre nouvelle organisation militaire, cela se justifiera aisément. J'ai été comme chacun sous le coup des luttes auxquelles nous venons d'assister et je crois que c'est un devoir d'en tenir compte. L'histoire est la leçon des peuples.

Je ne comprends plus de guerre pour la Suisse que comme guerre de vie ou de mort, d'indépendance ou d'asservissement. La Suisse doit donc pouvoir appeler sous les armes son maximum de troupes ; notre organisation fixe pour cela une limite d'âge qui me paraît bien entendue, il ne reste plus qu'à exercer une contrôle sévère sur la manière dont les dispenses du service seront accordées dans les différents cantons.

J'augmenterais le nombre de notre cavalerie qui, comme tant d'officiers supérieurs l'ont déjà dit, fait défaut, et je poserais en principe que chaque division pour s'éclairer convenablement, doit pouvoir disposer au moins de 400 chevaux, puis qu'il nous faut encore au moins 400 chevaux comme réserve ; ce dernier nombre bien restreint pourra suffire au besoin en y attachant telle cavalerie de division devenue superflue sur tel théâtre de la guerre, où cette arme serait moins nécessaire. Ceci porterait notre cavalerie à 4000 chevaux, non compris les guides. Mais comment recruter cette cavalerie ? Là où ce serait nécessaire, je ferais disparaître les limites entre les cantons et je recruterais cette cavalerie sur toute l'étendue de la Confédération ; je prendrais les mêmes mesures pour l'artillerie, sans crainte aucune, de faire passer tel officier d'un canton dans une unité d'un autre canton, si le besoin s'en faisait sentir. Y a-t-il un seul soldat en campagne qui réclamât jamais contre une mesure semblable ? et combien y en aura-t-il qui comprendront alors cette susceptibilité cantonale, ils s'écrieront, elle n'était pas une faute, elle était un crime en face de la nation toute entière.

Le nombre de cette cavalerie restera toujours restreint en face de celle dont peuvent disposer les pays qui nous avoisinent, cependant je ferai remarquer que la cavalerie ennemie destinée surtout à éclairer l'armée envahissante, se heurtera à tous ses pas contre une nation en armes, elle ne pourra s'avancer qu'avec de grandes pertes et lentement. Un fantassin avec une arme à répétition dont il connaît l'emploi, peut arrêter plusieurs cavaliers même à quelques 100^{m} sans s'exposer.

J'en arrive maintenant à l'artillerie. J'établirai d'abord qu'une armée non encore aguerrie a besoin de plus d'artillerie qu'une armée fortement instruite, que la dernière guerre a démontré l'avantage immense d'une artillerie supérieure en nombre, puis que l'artillerie peut être supérieure à une autre par la puissance de ses effets, et par le nombre des projectiles que son approvisionnement en munitions lui permet de lancer.

Je laisse de côté la proportion que l'on a l'habitude d'établir de tant de pièces par 1000 hommes et je crois pouvoir dire que, donnant quatre batteries à nos divisions, nous obtenons une proportion très-avantageuse.

Il nous resteraient alors 11 batteries de campagne à donner à nos corps d'armée. Ce chiffre est trop restreint et c'est avec raison que le projet d'organisation militaire demandait d'augmenter notre artillerie de 7 nouvelles batteries. Cela admis nous obtiendrions 18 batteries de réserve à répartir suivant les besoins. Si le nombre des pièces n'est pas tout il faut mettre leur effet en ligne de compte.

Avant de résoudre la question des calibres je ferai remarquer qu'un pays accidenté ne permet pas aussi facilement qu'un pays plat ou légèrement ondulé l'emploi de nombreuses batteries pouvant concentrer leur feu sur un point déterminé et que dans ces cas là les batteries les plus puissantes par leur effet auront l'avantage.

Pour remédier à la supériorité numérique de l'artillerie ennemie sur certains points, il n'y a pas d'autre moyen qu'à donner aux corps d'armée exposés aux coups d'une artillerie ennemie supérieure en nombre une réserve d'artillerie qui rétablisse l'équilibre. Si nous répartissons à l'entrée de la campagne et d'une manière permanente notre réserve d'artillerie entre les corps d'armée qui seront formés, il est clair que nous ne pourrons pas résoudre ce problème, mais si nous partons du principe que cette réserve peut être employée suivant les besoins et si elle reste à la disposition du grand état-major général qui, connaissant le terrain sur lequel les différents corps auront à combattre et saura par conséquent où cette artillerie pourra devenir nécessaire, il est clair qu'il pourra dans bien de cas et cela sans inconvénient enlever à tel corps d'armée sa réserve d'artillerie pour la donner à d'autres. Ce travail est évidemment une complication pour le grand état-major général, mais il est urgent qu'il s'y soumette, car des combinaisons seules bien entendues peuvent permettre d'obtenir des succès. Ce n'est pas la supériorité absolue d'une arme ou d'une armée qui en fait la force, mais la supériorité relative sur un point, à un moment donné. Une bonne organisation militaire facilite au général sa tâche, elle est l'instrument, le général restera toujours l'artiste et celui-ci surgit à son heure.

Mais quels calibres introduire? Il nous faut deux calibres, toutes les armées en reconnaissent la nécessité, je ne dirai pas l'un plus mobile que l'autre mais bien l'un ayant d'avantage de munitions que l'autre et permettant d'entretenir dans de certains moments un feu plus nourri. Le 4-liv. prussien n'a pas l'effet du 6-liv. prussien, il n'a pas un tir aussi précis, il a moins d'effet contre les obstacles ou le matériel à battre ou a détruire, ses obus ont une charge d'éclatement moins forte, les éclats de ses obus sont projetés moins loin et ils sont inférieurs en nombre et en poids, les shrapnels du 4-liv. si l'artillerie prussienne les introduit seront inférieurs par leur effet aux shrapnels de 6-liv., puis l'effet moral produit sur sa propre infanterie est bien inférieur à celui produit par les pièces de 6-liv.

Pour remédier autant que possible à tous ces inconvénients, le problème à résoudre pour nous doit consister à trouver une pièce tenant le milieu entre le 4-liv. et le 6-liv. avec une projectile de 9 à 10 liv. de pesanteur au plus et permettant avec la proportion de

$1^1/_2$ caisson par pièce de conduire en ligne 220 projectiles qui me semblent suffisants pour un premier approvisionnement. Ces pièces seraient plus pesantes que les pièces de 4-liv. prussiennes mais si celles-ci peuvent franchir tous les obstacles et si les pièces de 6-liv. ont une mobilité suffisante pour la campagne, je crois pouvoir dire que ces pièces intermédiaires ne laisseraient sous ce point de vue rien à désirer. Si pour renforcer l'effet, on voulait introduire un calibre se rapprochant davantage du 6-liv., je ne serais d'accord avec cette manière de voir que s'il y avait possibilité de transporter le nombre de munitons indiquées sans augmenter encore les moyens de transport concédés.

Je ne dis rien du 8-liv. il a fait ses preuves, il est à mon avis la pièce modèle, il est l'arme par excellence de notre artillerie; je désirerais seulement voir le nombre de nos batteries portées de 11 à 18 de manière à pouvoir doter chaque division d'armée de deux batteries de 8-liv.

Vouloir pour compenser, sans augmenter le nombre de nos batteries, porter le nombre de leurs pièces de 6 à 8, cela signifierait introduire une organisation dont l'Autriche et la Belgique reconnaissent les inconvénients et qu'elles ne conservent que par économie, enlever à nos batteries une partie de leur mobilité, en rendre la surveillance difficile, obliger le capitaine dans beaucoup de cas à séparer sa batterie. Si, pour augmenter, comme j'en ai indiqué la nécessité, le nombre des munitions, on voulait donner à nos batteries de 8 livres $1^1/_2$ caisson par pièce, cela signifierait élever le nombre des voitures de nos batteries de 18 à 23; si on voulait conserver pour les batteries de 8 pièces la proportion de 1 caisson par pièce, nous obtiendrions 19 voitures, tandis qu'une batterie de 6 pièces avec $1^1/_2$ caissons par pièce nous donne 18 voitures et cependant 32 coups de plus. Ce n'est donc pas toujours le nombre des pièces qui décide, mais bien le nombre des coups dont une batterie peut disposer.

Quels calibres donner à nos divisions et à la réserve d'artillerie? La question me paraît résolue, donnons à nos divisions une artillerie qui lui promette une supériorité d'effets sur toutes les artilleries de nos voisins, armons nos divisions de deux batteries d'un calibre plus fort que le 4-liv. et de deux batteries de 8-liv.; à nombre égal notre artillerie de division sera supérieure à celle qui pourra lui être opposée et dans bien des cas elle pourra par la supériorité de son feu tenir tête même à une artillerie plus nombreuse. Donnons à notre réserve d'artillerie une légèreté suffisante pour qu'elle puisse se porter rapidement d'un point à un autre et compenser par sa mobilité ce qui lui manquera par le nombre. Les pièces de 4-liv. renforcées me semblent devoir répondre à cette exigence.

Je dirai aussi quelques mots de nos pièces de montagne. Le poids et le calibre de nos pièces actuelles ne peut pas être augmenté, le cheval devant pouvoir porter sa pièce ; mais le système de chargement par la culasse doit être aussi nécessairement introduit. Aucune autre arme d'un calibre inférieur ne remplacera l'artillerie de montagne, car il faut à cette artillerie une puissance de destruction suffisante pour renverser certains obstacles. La supériorité numérique de calibres plus faibles ne remplacera jamais l'effet d'un calibre plus fort.

Je ne m'arrêterai pas non plus davantage aux calibres à introduire pour nos pièces de position ; je dirai seulement que, devant nous rendre parfaitement compte des points stratégiques que nous aurons à protéger par des ouvrages, il est impossible de résoudre *à priori* l'espèce de pièces que nous devrons introduire. Le 24-liv. porte plus loin que le 12-liv., or, si nous voulons avec du 12-liv. défendre une position, qui d'un point trop éloigné pour le 12-liv. pourra être attaquée efficacement par le 24-liv., il est évident que le 12-liv. ne remplirait qu'imparfaitement sa tâche. Pour remédier à cet inconvénient, il faudra se rendre compte dans chaque cas spécial, si le terrain pourrait permettre d'établir pendant l'attaque des batteries de 12-liv. en avant du point à défendre, de manière à compenser par une distance moindre l'infériorité du calibre, ou si pour ces cas spéciaux il ne serait pas nécessaire d'introduire des pièces de 24-liv. Les mortiers rayés doivent être introduits; il me suffit d'émettre cette idée, pour que chaque homme de la partie en reconnaisse la nécessité.

Il me paraît indispensable d'établir en temps de paix déjà les ouvrages de fortification reconnus nécessaires. Je ne demande pas des ouvrages avec revêtement, mais que les parapets du moins soient élevés et qu'au dernier moment il n'y ait plus qu'à les disposer de manière à faire face à une attaque de vive force et à les armer. Les frais d'entretien seraient nuls et ces ouvrages rempliraient leur but en campagne. En fait de fortification, il n'y a plus de mystère possible et des ouvrages bien établis, que l'ennemi en ait pris connaissance ou non pendant la paix n'en rendront pas pour tout cela l'attaque plus facile.

Je disais en commençant mon travail que deux choses devaient marcher parallèlement et qu'une bonne organisation devait songer aussi bien à la qualité qu'à la force numérique de l'armée. Je crois que tout mon travail n'a été fait que sous une seule préoccupation, celle de montrer à notre armée le degré d'instruction auquel l'armée allemande était parvenue, et dans le seul but de faire faire à mes lecteurs un retour sur eux-mêmes, semblable à celui que je fis à la vue de cette armée.

Je voudrais que nos autorités civiles chargées de décider la question de notre réorganisation militaire, aient eu l'occasion de voir l'armée allemande, de se rendre compte de son degré d'instruction, de sa discipline, et de comparer ensuite cette armée à la nôtre, oh, alors je n'aurais plus besoin d'écrire pour plaider la cause de l'instruction, je crois qu'un tremblement salutaire s'emparerait involontairement des membres de nos Chambres et qu'ils s'écrieraient d'une voix unanime, qu'y a-t-il à faire, nous sommes prêts à tous les sacrifices pour mettre notre armée à la hauteur de sa tâche! Tous nos officiers l'ont dit, le temps d'instruction dont notre armée dispose, est insuffisant. Comment se fait-il donc que l'on soit encore obligé de mendier pour ainsi dire quelques semaines de plus, comme si c'était un service personnel que l'on réclamait de nos hautes Chambres.

Donner à notre armée une instruction plus solide, cela signifie augmenter sa valeur, tandis qu'en augmentant *le nombre* sans faire marcher de front *l'instruction*, c'est compliquer les rouages de notre organisation et créer pour la guerre une machine en apparence puissante, mais en réalité sans mobilité.

La valeur du matériel de guerre de toute espèce, des travaux de défense élevés pour protéger le territoire, des sacrifices personnels et pécuniaires augmente ou diminue à proportion de l'instruction de l'armée.

Je demande pardon à mes lecteurs de m'arrêter si longtemps sur ce sujet, mais il me semble que, si on avait bien compris ce qui manque à notre armée, nos efforts auraient été dirigés davantage en vue d'améliorer la qualité, que d'augmenter le nombre.

L'instruction pénétrant davantage dans l'armée, nous pourrons alors aussi en cas d'attaque sérieuse appeler sous les armes le maximum de citoyens, tandis qu'aujourd'hui nous aurions beaucoup de peine à obtenir une mobilité suffisante avec notre élite et notre réserve mises sur pied. Avec une instruction plus solide, non seulement notre *Landwehr* prendrait honorablement sa place à côté de l'élite et de la réserve, mais l'organisation pouvait songer aussi à tout préparer en temps de paix pour pouvoir appeler sous les armes le *Landsturm* si le besoin s'en faisait sentir, à régler son activité en temps de guerre et se rendre bien compte du rôle à lui assigner.

Je cherchais à démontrer jadis que l'institution des cadets n'était pas ce germe vivifiant qui serait capable de souffler une vie nouvelle dans notre armée, cette opinion s'est renforcée encore dans mon esprit.

Il faut augmenter sans trop calculer la durée d'instruction de toutes nos armes, il faut que l'instruction mise à la base de notre armée soit suffisante pour que chacun de nous puisse avoir la conviction que le soldat a pendant cette durée de service appris assez solidement les détails de son arme pour ne devoir plus les oublier pendant sa carrière militaire; il faut qu'il les connaisse suffisamment pour que deux ou trois jours d'un cours de répétition puissent suffire largement pour les lui remettre en mémoire et que la durée de ce cours puisse être employée de manière à permettre à toutes nos unités tactiques non seulement de ne pas oublier, mais d'acquérir de nouvelles connaissances militaires, il faut qu'après chaque cours, du chef au soldat, chacun puisse se dire, je me rends mieux compte de l'emploi de mon arme qu'au jour où j'y suis entré.

Mais il y a une limite que la Suisse ne peut pas dépasser, et c'est pour subvenir en partie à cela que je proposerais d'obliger chaque jeune homme de 17 à 20 ans pendant 6 demi journées par an au maniement du fusil, à la connaissance de son arme et au tir à des distances connues et rapprochées. Je voudrais que chaque recrue entrât au service connaissant notre arme d'infanterie et son emploi. L'arme à feu de l'infanterie n'a de valeur qu'autant que celui qui s'en sert la connaît à fond, or en augmentant même la durée du service de quelques semaines comme je l'espère, le temps d'instruction sera toujours relativement trop court, et cependant il est impossible de précipiter la partie de l'instruction relative à l'arme et au tir, il faut du temps pour cela, il faut des années; le résultat final serait qu'à l'école de recrues celui-ci pourrait dès le premier jour commencer à tirer à des distances inconnues.

De cette manière on apprendrait à apprécier l'habilité au tir de tel ou tel jeune homme; nos corps de carabiniers pourraient se recruter avec plus de soin et nous pourrions confier aux bons tireurs de l'infanterie des armes à double détente. Nous développerions de cette manière le goût du tir qui certes est un noble exercice et cette branche du service si importante aujourd'hui prendrait un accroissement imposant dans notre armée. Je n'entre pas dans les détails relatifs à la manière dont ce service devrait être organisé pour qu'il répondit à ce qu'on serait en droit d'attendre, je dirai seulement qu'il se ferait par commune, que pour ce service il faudrait employer des officiers réellement capables de développer le goût du tir parmi ces jeunes gens.

Puisque j'en suis aux armes à feu je dirais qu'à aucune autre époque le besoin ne s'est fait autant sentir de développer les sociétés volontaires de tir, car jamais encore l'on n'a pu constater d'une manière plus évidente l'influence immense d'un bon tir.

A l'avenir avec la formation des grands États il n'y aura que de grandes armées; et c'est l'organisation qui permettra le mieux de faire mouvoir ces grandes masses qui aura l'avantage.

Jusqu'à aujourd'hui la Suisse à répondu bien imparfaitement à ce désidératum; nous ne voyons partout que des unités tactiques agissant isolément et seulement par ci par là des réunions plus considérables et même toujours encore avec des effectifs réduits.

Notre armée devrait partir du principe de faire de tous nos cours de répétitions de petits rassemblements de troupes, de cette manière notre état-major aurait l'occasion de se former, notre commissariat prendrait plus d'expérience, les frottements augmentant à proportion qu'il y a plus d'hommes et de troupes en contact tendraient à disparaître et les différentes armes apprendraient à se connaître.

Le travail de monsieur le colonel-fédéral Welti démontrait la nécessité d'arriver à des divisions territoriales et il poussait même cette répartition jusqu'aux unités; cette question a été beaucoup discutée, on en a démontré les avantages et les inconvénients; elle me paraît d'une importance si considérable que je me permets d'ajouter encore ici quelques mots. Je poserai pour la résoudre la question suivante? Pouvons-nous mettre notre armée sur pied en moins de temps que les pays avoisinants? Je dis en moins de temps car il nous faut par le fait même de la formation de notre armée pouvoir gagner quelques jours pour faire cheminer tous les rouages avant qu'ils soient appelés à fonctionner; si ce n'est pas le cas et si nous ne pouvons faire que ce qui se fait ailleurs notre organisation est défectueuse et il faut y remédier; si sans pousser cette division territoriale jusque dans ses dernières limites il est possible de résoudre la question je me déclare entièrement d'accord, sinon je crois pouvoir dire notre organisation est défectueuse. Je reconnais tous les inconvénients qu'à juste titre on oppose à cette organisation pour la paix, je reconnais qu'elle gêne les populations et que dans bien des cas elle est un lourd impôt, et offre même des désavantages matériels considérables, mais en est-il de même pour la guerre? Quand la nation toute entière courra aux armes, il n'y aura qu'une voix pour dire combien nous sommes dédommagés de nos lourds sacrifices. Si pendant 20 ans cette organisation a pesé sur la Suisse entière, 20 ans plus tard, la Suisse entière s'écriera peut-être: Et cependant elle a fait notre salut!

Je demande pardon à mes lecteurs d'avoir tenu si longtemps leur attention en suspens, mais quand il est question du bien de notre armée, je sais que comme moi ils ne connaissent pas la fatigue.

Je veux cependant en terminant ce travail qui a été écrit sous la préoccupation des graves événements auxquels nous venons d'assister, me permettre encore une réflexion.

J'ai beaucoup parlé d'organisation, d'instruction, d'armes, de discipline, et de tous ces sujets inséparables d'une armée, cependant je n'ai pas dit tout le fond de ma pensée et la voici toute entière. Un peuple résolû à défendre son territoire, qui ne recule devant aucun sacrifice pour organiser son armée, lui donner l'instruction nécessaire, ne fait pas seulement acte de prudence, il accomplit un devoir. Si les armées les plus faibles en nombre sont parfois victorieuses c'est qu'il y a un élément dont l'organisation militaire ne peut et ne doit pas tenir compte, c'est qu'au-dessus de l'homme il y a un Dieu qui dirige et règle les destinées des nations.

Une république sera forte d'abord par son organisation militaire et lorsque l'idée d'une défense à toute outrance aura pénétré tous les membres de la communauté, puis elle sera forte et je dirai même invincible aussi longtemps qu'appuyée sur son arme elle attendra avec une foi filiale l'intervention de Celui qui se nomme lui-même le Dieu des batailles.

Je le voudrais et mon cœur palpiterait d'émotion si j'avais l'assurance qu'au jour de la lutte nos adversaires pourront dire de tout notre peuple ce qu'on disait au 16me siècle des défenseurs de la foi évangélique en France: „celui qui se courbe le plus devant Dieu est aussi celui qui se redresse avec le plus de fermeté devant les hommes !"

Table de matière.

www.ingramcontent.com/pod-product-compliance
Ingram Content Group UK Ltd.
Pitfield, Milton Keynes, MK11 3LW, UK
UKHW021600260726
13993UKWH00002B/949

9 782329 092379